高濱正伸の
絶対失敗しない
子育て塾

花まる学習会代表
高濱正伸

はじめに

2012年の夏、ロンドンオリンピックでの日本人選手の動向に日本中が一喜一憂しているころ、私は恒例のサマースクールの真っ最中でした。

今年も多くの子どもたちと出会いました。53歳にもなった私は、毎日子どもたちと昼は川で魚釣りをしたり、夜は流れ星探しに夢中になったり……。

30歳になろうとしていた頃、浪人や留年を繰り返した私はまだ大学院に在籍し、高校生や大学受験生を教える生活をしていました。一方、友人たちと答えのない議論を続け、ときには孤独感に苛《さいな》まれ、ジョン・レノンのアルバムをむさぼるように聞いていたり。教えることは大好きでしたが、自分の進路に迷っていたのです。好きな音楽で食べていこうか、それとも教育か。そして、最終的に選んだのは教育の道。その理由は、子どもたちと接していれば、毎日感動できるであろう、と思ったからでした。

「花まる学習会」を興してもうすぐ20年目になろうとしていますが、その思いは正しかったと改めて思います。とくに、幼児から小学生ぐらいまでの子どもは、教室で一生懸命考えている姿はもちろん、自然の中で走り回ったり、笑ったりしている姿は何にも代えがたいほど可愛い。サマースクールみたいに、そんな彼らと一日中過ごせる時間は、心の底から幸せを感じます。

親御さんたちも、わが子を思うときは、同じような気持ちを抱いているのではないでしょうか？　「いやいや、うちの子はどうしようもないぐらいやんちゃで」とか、「言うことをきかなくて悩んでいます」という方たちもいるでしょうが、間違いなく言えるのは、子どもたちはお母さん、お父さんが大好き。その思いはいくつになっても変わらず、〝社会人として頑張っている人〟に共通しているのは、親、とくに母親への信頼が溢《あふ》れている人が多いこと。母像は生きる力の中心、と言ってもいいぐらいです。

そういうと、「私はそんな大それた母親になれないわ」と言うお母さん方が多いのですが、大丈夫です。満点の親なんていませんし、何があっても、自分なりに精いっぱいわが子を可愛がっていけばいいのです。

しかし、ほほえましい親子関係がたくさんある一方で、わが子のかわいさのあまり、手を出し口を出し、結果的に子どもを〝自分で考えられない子〟にしてしまったり、「ちゃんとした子に育てなくちゃ」という意識が空回りして、わが子のマイナス点ばかり指摘しているうちに、〝すべてにおいてやる気のない子〟にしてしまったり、小学４、５年生になって幼児の殻を脱皮した子どもへの接し方を間違えて、親子関係がギクシャクしてしまったり……というような本当に残念な子育ての失敗例を数多くみてきました。日常のほんのささいなことでも、それが積み重なっていくと、子どもの〝生きる力〟を奪ってしまうことにもなりかねないのです。

そこで、親御さんたちの数々の具体的な悩みをベースに、今まで私が行ってきた塾のノウハウや子育ての持論をイラストや図を入れて、できるだけわかりやすくまとめたのが本書です。

目次を見ると、算数力や国語力といった勉強のことも多く出てきますが、お勉強だけの本ではなく、それらの力をつけるための親の向き合い方や、それらの学習を通じて鍛えられる〝生きる力〟のつけ方を紹介しています。今、遊び盛りの子どもたちが、将来、社会でイキイキと自分の力を発揮し、経済的にも精神的にも自立した「メシが食える大人」に成長してくれれば、これほど嬉しいことはありません。

高濱正伸

目次

読み物

Takahama's History

読み物

本書は、「AERA with Kids」で掲載した記事を元に加筆し、再編集したものです。

{第1章}

まずは
知っておきたい！
子どもを
伸ばす方法

第1章
まずは知っておきたい!
子どもを伸ばす方法

1

間違えないで! 親の学習観の勘違い

「子どもの学力を高めたいですか?」と問われれば、たいていの親は首を縦に振るはず。でも、わが子の学力は、親自身の態度が大きく影響しているのです!

小さい頃は文字が読めた、書けただけでも喜んでいたのに、だんだん要求が高くなってしまって、「何でできないの?」「もっと早くやって!」とわが子のダメなところ、マイナス点ばかりに目がいってしまう……。こんな経験はほとんどの親御さんが持っているのではないでしょうか?

「うちの子は算数の能力がないのかしら?」「集中力がなさそうだわ」と子どもの能力のせいにする前に、気をつけてほしいことがあります。それは、親がもっている間違った学習観です。

親が最も勘違いしやすい学習観が、「勉強は速く答えを出すことがよい」という思い込みです。

問題を速く解ける子が〝できる子〟ではない

たしかに計算のスピードは大事ですが、そればかりにとらわれてしまうと、子どもも速く答えを出すことだけに喜びを感じてしまうようになり、文章題のようにじっくり構えてイメージしたり、解いていく問題が苦手になってしまうことがあるのです。

計算問題は勉強のごく一部にすぎず、もっと言えば思考力を活用するための道具でしかありません。勉強の本質はじっくり考えて答えを出す文章題にあり、勉強の醍醐味もそこにあるのです。

だからといって、「文章を読み解く力をつけるには、とにかく本を読ませなきゃ」というのも考えもの。もちろん本は読ませた方がいいのですが、本を読めば文章題ができるようになるわけではありません。読みたくもないのに強要されると、文字を読むことすら嫌になってしまうことも。

読書も大切ですが、それ以上に外遊びで体と頭を使い、友達関係で悩んだり共感したり、楽しんだり悲しんだりという体験をたくさん味わわせてあげましょう。そこでの経験値が、のちのち〝考える力〟に生きてくるからです。

「たくさんやらせておけば安心」は大きな勘違い

結果ばかりにこだわるのもよくありません。たとえば、子どものテスト。点数が85点だと、間違った15点のほうに目がいってしまい、「どうしてここを間違えたの?」と子どものミスを責めたりしていませんか? こうしたネガティブな言葉ばかりを発していると、子どもには「勉強ってイヤだな」というネガティブな感情だけが残ってしまいます。

子どもは誰でも親にほめられると、うれしいもの。まずはできたことをほめてあげましょう。できなかった問題はもう一度やらせてみて、できた時点で「できてよかったね」とポジティブな言葉で締めくくってください。〝勉強の終わりはいつもハッピーに〟が、勉強好きの子どもにする最大の秘訣です。

さらに高学年の子どもを持つ親に多い落とし穴が、山ほどのドリルやプリントを与える物量攻撃。机に向かってがんばっているわが子の姿は、親にとってはうれしいものですが、ドリルをこなすだけで精いっぱいになり、復習がおろそかになってしまう危険も。わからないこと、できないことがそのままになってしまうと、〝基礎力〟がつかず、あとあと苦労することになります。たとえ、勉強の理解がスローペースだとしても、本当に「わかった」と納得して先に進むほうが学力は着実につき、後に大きく伸びます。

振り返ると思い当たることばかりというお父さん、お母さんもいるかもしれませんね。でも、大丈夫。「自分の学習観が間違っていた?」と気づいたら、やり直せばいいのです。次の学年に進級するタイミングや誕生日などキリのよいタイミングでやり方を変えていきましょう。

子どもは柔軟ですから、〝今までは計算をいっぱいやってきたけれど、○年生になるから(○歳になるから)、今度はゆっくり文章題をやっていこうか〟などと言えば、すんなり軌道修正できます。

まずは親自身が、おおらかな気持ちで、「今まではちょっと間違ったからやり直そう」と前向きな気持ちでいることが大事です。

気をつけて!
親の学習観 4 つの勘違い

勉強とはこういうものといった親の間違った学習観が、勉強嫌いな子にさせる

勘違い❶ **スピード第一主義**
「勉強は速く答えを出すことがよい」とスピードばかりを求めると、じっくり考える力が育たず、文章題が苦手になってしまう。じっと考えこんでいる時間も大切に。

勘違い❷ **読書強要主義**
親が読書を強要しすぎると、かえって本嫌いになったり、文字を読むことすら嫌になってしまうことも。読書も大事だが、思考力を鍛えるなら外遊びが一番!

勘違い❸ **結果主義**
テストの結果にこだわり、できないことに対しネガティブ発言をすると、子どもの学習意欲を奪うことに。まずはできたことをほめ、子どもの努力を認めてあげよう。

勘違い❹ **物量主義**
ドリル漬けは量をこなすことで手一杯で、見直しがおろそかになり、わからないところがわからないままになってしまう。きちんと納得してから次へ進むようにしよう。

子どもが伸びる、伸びないの差は子どもの能力ではなく、親の対応ですよ!

2 心身や学力の分岐点は小学校4年生ってホント？

小学校生活にも慣れ、親としてはひと息ついた小4ぐらいになると、新たな問題が生じるようになります。親としてはどんな心構えが必要なのでしょうか？

私はよく講演会などで、小3まではおたまじゃくし、小5からはカエル、その間の小4は「おたまじゃくしから足が生えた状態」と言っています。

親から見れば、小4も小5もまだ子ども、と思いがちですが、おたまじゃくしとカエルでは全く生態が違うのと同じで、親はこの頃になったら、子どもへの対応を変えていく必要があります。

小4ぐらいになると、物事を複雑に考えることができるようになり、親が言っていることは正しいことばかりではない、と気づきはじめます。しかし、経験は少なく、考えも幼いので、親に無意味に反抗してきたり、悩みに答えが出せず、不安になったりします。

そんなとき、親は今までのように一方的に叱りつけたり、言うことをきかせようとすると関係は悪化するばかり。反抗も結構、うちの子もカエルになったんだ、自立への一歩だ、と思えば、子育てもぐんとラクになるはずです。

また、勉強面でも子どもの成長に合わせ、小4ごろから内容はぐっと高度になります。

勉強への苦手意識が定着してしまう学年

低学年のうちは、単純な計算や読み書きを中心とした学習のため、子どもの学力はあまり差ができません。ところが、このころから、物事を深く考えたり、イメージしたりするといった抽象的な学習へ

小4生は要注意！

勉強の壁となる三つの要因

小4以降は抽象的思考力を問う問題が増え、学習内容が高度化。基礎を身につけておかないとその壁が越えられず、勉強が苦手に。また、親の否定的な言葉が子どもに重くのしかかり勉強嫌いになる。

- 学習内容が高度
- 親の接し方
- 基礎学力不足

外遊び

鬼ごっこでもかくれんぼでも、限られた空間をどう利用すれば勝てるか、と常に頭を働かせている。いろいろな遊びを考えたり、チャレンジすることで試行錯誤力も育つ

▼

●**空間認識力**
●**試行錯誤力**

お手伝い

めんどうなことでもきちんとやることで、結果が表れる、という面では勉強と同じ。どんな順序でやれば、きれいに速く終わるかな？　などを考えると段取り力や予測力も育つ

▼

●**段取り力**
●**予測力**

と変わっていくと、それを得意とする子と苦手とする子の間に学力の差が生じ、「勉強は嫌い！」という子が出てきてしまいます。

　けれども、そういう子も、最初から勉強が苦手だったわけではないのです。確かに、小4を境に勉強はぐっと難しくなりますが、実はその原因は、それまでに植えつけられた苦手意識からくるものなのです。

　たとえば、テストでいい点数がとれなかったとき、親から厳しく叱られたり、「お兄ちゃんはできたのに、あなたは……」と比較されたりすると、その経験が積み重なり、苦手意識が生まれ、勉強へのモチベーションが下がってしまいます。すると、成績がさらに落ちてしまう、といった負のスパイラルから抜け出せなくなってしまうのです。そうならないためにも、親は低学年のころからポジティブな声かけを心がけたいもの。

外遊びとお手伝いが「考える力」を養う

　また、27ページから紹介する算数に関する力でも、小4は大きなターニングポイントになります。今まで何百人という小学生を指導してきた私の経験則から言うと、小3までに頭の中に空間イメージをすぐに描けない子は、その後、立体問題を得意とするようになるには、相当な困難が伴います。

　空間イメージを描くような能力や、抽象的なことを考える力は、ドリルで鍛えられるものではありません。幼児期からやれるものとしたら、やはり「外遊び」、そして「お手伝い」がおすすめ。

　外遊びの効果は100ページ以降でも紹介しますが、小3までにしっかり遊びこんだ子には、頭や手を使って考える力の土台がついている子が多いのです。

　一方、お手伝いは、お風呂掃除でも、洗濯物をたたむでも、おつかいでも何でもいい。どんなお手伝いでも、ある一定期間続ければ、ひとつのことをやり抜く力や仕事をうまく進めるための予測力、段取り力など、勉強にも関係するいろいろな力が鍛えられます。これらは、大人の脳へと変わっていく10歳より前の段階で、できるだけたくさん経験させてあげたいもの。

　たとえ、ただ遊ぶだけであっても、のめりこむほど熱中する体験というのは、どんな学力にも欠かせない集中力を養います。子どもが遊びに夢中になっているときは、とことん遊ばせましょう。

“小4の壁”にぶつからないために
小3まではしっかり遊び込め！

3 勉強好きにするコツは、「遊び感覚」、「親子で楽しく」

勉強は親がムリにやらせても、子どもに〝楽しい〟という気持ちがなければ伸びません。親子で楽しく遊んでいるうちに、自然と育まれるものなのです。

前のページで、子どもが勉強嫌いになってしまう理由に、親のネガティブな声かけが原因、というお話をしました。ここでは、勉強が好きになるコツをお話ししましょう。

ポイントは、子どもに〝楽しい！〟と思わせること。それには、子どもが大好きな遊びやゲームの要素を取り入れながら、親子一緒にやるのが一番です。

囲碁、将棋、オセロといったゲームは、論理性を鍛えるのにいいと言われていますが、わざわざゲームを買わなくても、生活の中にあるちょっとしたものを使って、考える力を育むことができます。

左で紹介する四つのゲームは、いずれも算数の力のベースを伸ばすのにぴったりなものばかり。でも、使うのは、折り紙やマッチ棒など家の中にある身近なものです。

それから、車のナンバープレートの数合わせなどは、親御さんたちも子どもの頃にやった経験はありませんか？　こんなちょっとしたゲームでも、子どもの脳はどんどん鍛えられるのです。

大切なのは、親子で楽しんでやること。正解できたり、親より速く答えることができたら、うんとほめてあげましょう。こうした親子のコミュニケーションを通じて、子どもはだんだん〝考えることって楽しいな〟と思えるようになるのです。

親子の楽しい時間が学びの土台になる

囲碁や将棋などは、最初はハンディ戦でやることになるでしょうが、こうした日常感覚でやるゲームは、あまり手加減をしないほうがいいでしょう。子ども扱いせず、「対等」でやってこそ、ゲームにも熱中し、集中力が高められます。

子どもは、どんな遊びでも勝ち負けにこだわります。たとえ相手が大人でも、〝負けたくない〟という気持ちが、粘り強さを育てるのです。この粘り強さは、算数だけではなくすべての教科に必要とされるものです。「算数は苦手」というお母さんも、こうした日常の遊びなら、ムリなく楽しくできるのではないでしょうか。

親子で楽しむ育脳ゲーム

ちょっとした時間を利用して、お子さんと一緒にやってみましょう。
飽きてしまったら、無理に続けなくてOKです

数字ビンゴ

紙に3×3のマスをつくり、「1から9までの数」といった条件を決め、ゲーム参加者はその条件に合う数字を適当に入れる。参加者以外の人が、通常のビンゴの要領で条件に合う数字を順番に言っていき、タテ、ヨコ、ナナメの3マスがそろう速さを競う。マスに入れる数字は、「1から20までの偶数」「48の約数」「3で割ったら1余る数」「50までの『九九』に出てこない数」などと、学年が上がっていくにつれて難しい条件をつけていくとよい。

紙工作

空間認識力に関わるゲーム。組み立てたらどんな形になるのか、展開図を理解するための遊び。まず、コピー用紙などをヨコに二等分する。次に三角定規などを使って正三角形を折っていく。最後に端を折り込むと、正四面体ができる。これを広げてみると、折った跡が残っているが、これが展開図になる。見取り図、断面図、投影図とともに平面図のイメージを持つことができる。

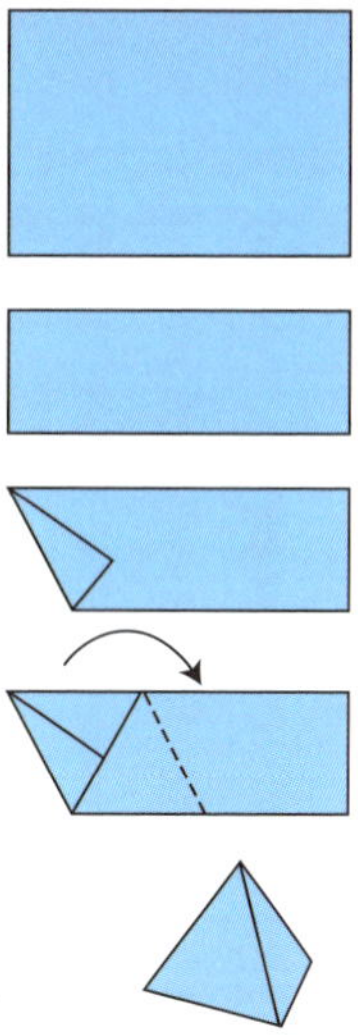

マッチ棒パズル

下図のようにマッチ棒が並んでいる。この中の1本をはずして、正方形を3つにするには？　よくあるマッチ棒パズルですが、これがじつは「必要条件」を考えたり、「場合分け」をするトレーニングになる。幼児期のうちは、マッチ棒を手当たり次第に動かすのもいいが、小学生になってからは、闇雲にマッチ棒を動かすのではなく、左右対称にも注目して、動かすべきマッチ棒を絞り込めるようになるといい。

ナンバープレート

これも、理数系センスを養うのにはうってつけのゲーム。学年に合わせて、いくらでも高度なバリエーションを考えられる。最初は「ゼロが2つ入っているのを見つけたら勝ち」などから、少しずつレベルアップし、「4つの数字を組み合わせて四則計算し、24をつくったら勝ち」といったゲームまで可能。4けたの数字なら、電車の切符の番号など他のものでもできる。

出典：『小3までに育てたい算数脳』（健康ジャーナル社）

**いかに“勉強っぽくしないか”が、
親の腕のみせどころ！**

4

子どもの成長の伸びは、「早咲き型」と「遅咲き型」が

子どもには早咲きタイプと遅咲きタイプの子がいます。どちらのタイプも、最後に花が開くかどうかは、親のかかわり方で決まります。

親にとって、わが子の成長の「早い」「遅い」は気になるものです。「○○ちゃんはもう九九が全部言えるのにうちの子はまだ言えない」など、他の子と比べたり、「お姉ちゃんは小1、2ごろまでは100点ばかりだったのに、この子ったら……」ときょうだいと比較してしまったり。

でも、子どもの学力の伸びには、早咲きタイプと遅咲きタイプがあることは確かです。たとえば、中学受験では、早咲きタイプが有利であることは否定できません。ところが、そのまま駆け上がって行ければいいのですが、早咲きタイプの中には、その後に伸び悩む子も少なくないのです。

早咲きの子が陥りやすいつまずきとは？

早いうちにエリートの道に踏み込んでしまったために、自意識が邪魔をしてわからないことをわからないと素直に言えず、ずるずると落ちこぼれてしまったり、ずっとつきっきりで勉強を見続ける親の熱意が、かえって子どもの才能を消耗させてしまうことも。小さい頃からの才能を見れば、親の期待が膨らむのもわかりますが、いつまでたっても、親の指示に従って勉強をしているようでは、伸びる芽も育ちません。

学力ばかりにとらわれず、生活力やコミュニケーション力を育む環境作りにも目配りすれば、早咲きタイプの子は、さらに大きく伸びます。

一方、親がやきもきするのは、なかなか芽が出ない遅咲きタイプの子。でも、大丈夫。その子の発達段階に応じてカチッと歯車が合うときがきます。だからといって、親は放っておいてもよいというわけではなく、適度な見守りは必要です。

早咲きタイプを伸ばすにしろ、遅咲きタイプを花開かせるにしろ、大切なのは親のおおらかなまなざし。そして、何かひとつでも周りから「わーすごい！」と言われるような得意技を身につけさせるといいでしょう。たったひとつの自信がすべての自信となり、伸びていくことがよくあるからです。

塾の先生52人に聞いた、早咲きの子、遅咲きの子

以下は、AERA with Kids 編集部が、塾の先生に聞いたアンケート。
早咲き、遅咲きがある、というのはほぼ共通の見解のよう

Q 知能・学力で、早熟型と晩熟型があると思いますか？

「ある」と答えた先生は88％と圧倒的。「ない」と完全否定する先生はわずか２％でした。対象となっているのは主に中学受験期の子ども。小学校高学年くらいでは、早熟・晩熟の違いが鮮明に現れているようです。

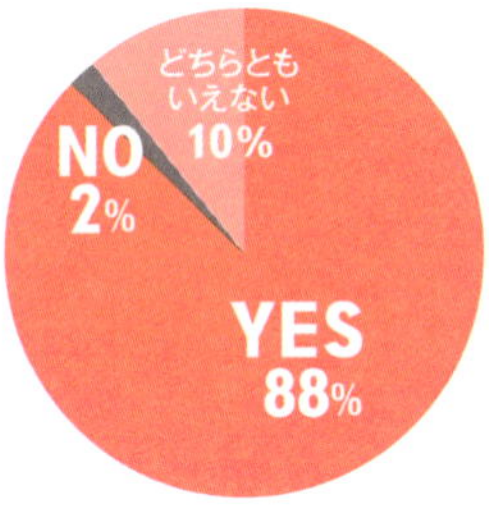
どちらともいえない 10%
NO 2%
YES 88%

Q 早熟型の子どもの場合親の影響は大きいと思いますか？

「YES」が80％と高率。早熟型は、親主導の積極的な働きかけがあっての結果だと塾の先生は認識しているようです。下の左のグラフ「早熟型のその後の学力」の数値と見比べると、親御さんとしては複雑な思い？

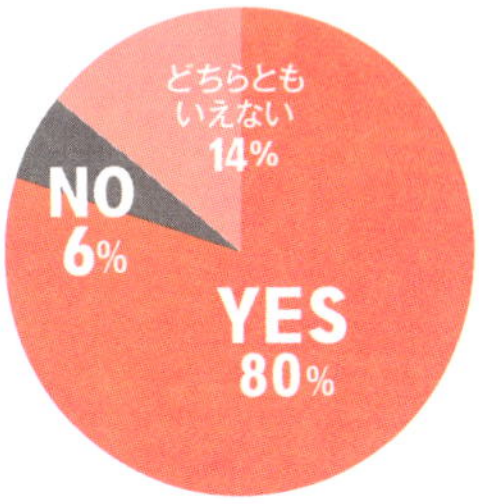
どちらともいえない 14%
NO 6%
YES 80%

Q 早熟型の子は、その後の学力の伸び方はどうですか？

「伸び悩む」が44％。「順調に伸びる」と明言する回答は10％しかありませんでした。早熟型の学力維持の難しさを物語る結果です。「栴檀（せんだん）は双葉より芳し」と言いますが、現実には、安泰というわけではないようです。

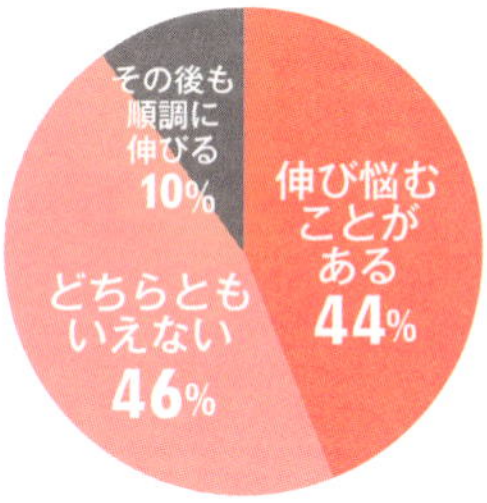
その後も順調に伸びる 10%
伸び悩むことがある 44%
どちらともいえない 46%

Q 晩熟型の子どもの場合親の影響は大きいと思いますか？

晩熟型が花開くのは、小学校高学年以降。自我の目覚めとともに親の懐から離れて、外に目を向け、急速に世界を広げていく時期です。受け取る刺激も多様化。親の影響が薄らいでいくのは健全な姿かもしれません。

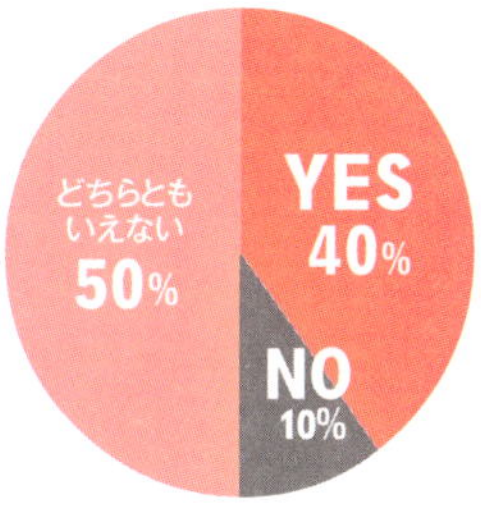
どちらともいえない 50%
YES 40%
NO 10%

Q 晩熟型の子が知能・学力をアップさせたきっかけは？

注目したいのは２位以下の項目。自信、自覚、努力、学習スタイルの確立など、表現は異なりますが、子ども自身に学力アップの要因を見いだす先生が多くいました（複数回答）

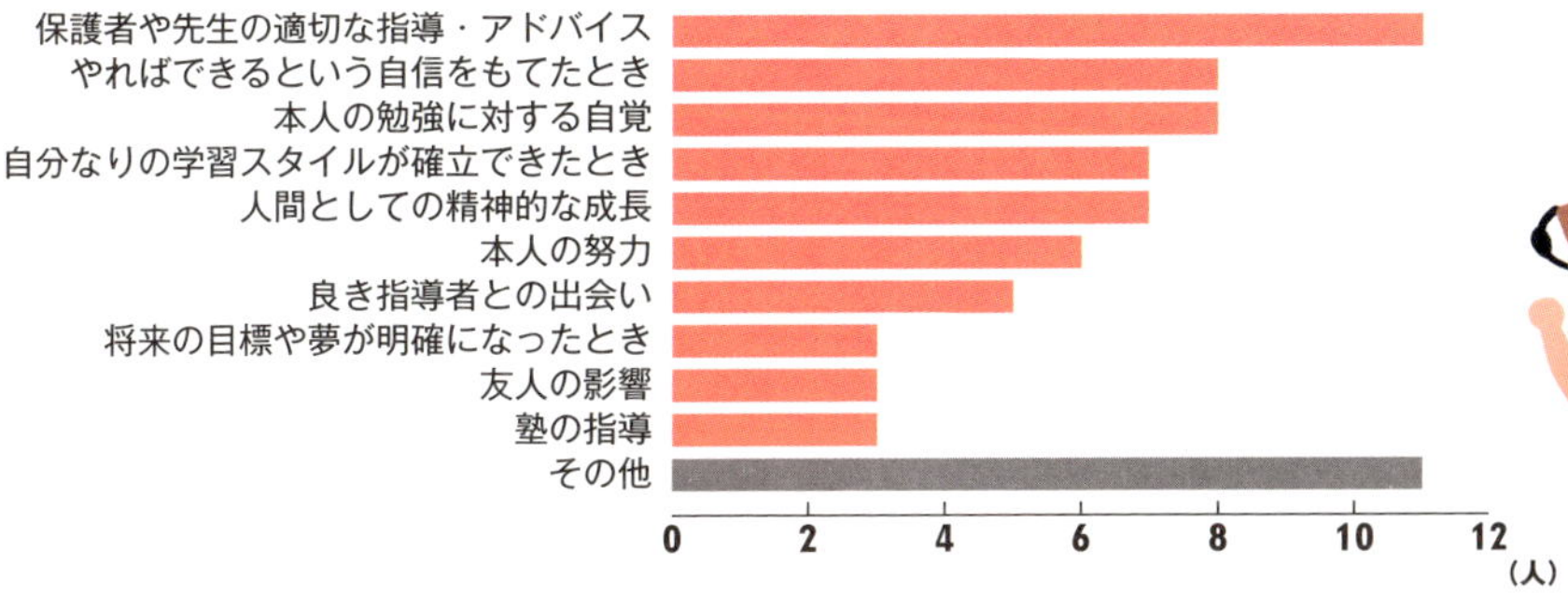
保護者や先生の適切な指導・アドバイス
やればできるという自信をもてたとき
本人の勉強に対する自覚
自分なりの学習スタイルが確立できたとき
人間としての精神的な成長
本人の努力
良き指導者との出会い
将来の目標や夢が明確になったとき
友人の影響
塾の指導
その他
0
2
4
6
8
10
12
（人）

いきすぎた早期教育は子どもをつぶしてしまうこともある！

{第1章}

まずは知っておきたい！
子どもを伸ばす方法

5
みんながやるドリルにも差がでる使い方がある！

あらゆる教科があって、値段も手ごろ。ついたくさん買い与えてしまうドリル。けれども、使い方を間違えてしまうと、その効果は現れません。

次に、どんな家庭でも子どもにやらせるであろう、ドリルの使い方についてです。

一日1ページなど範囲を決めやすいドリルは、学習習慣がつきやすく、親にとっても管理がしやすいというメリットがあります。また、復習を中心とした内容のため、繰り返し学習することで基礎学力もつきます。けれども、ひとつ使い方を間違えてしまうと、残念ながらその効果は現れません。

例えば、早く終わらせたいがために、急いで文字を書いたり、問題を解いたりして、ケアレスミスをしてしまうケース。やったことだけに満足して、中身がおろそかでは本末転倒です。

ドリルの学習は、スピードよりも正解率を重視して、漢字はきちんと「はね」まで書けているか、算数は計算や単位のミスはないかなど、丁寧に解かせるようにしましょう。

また、「ここも間違っているじゃない」「どうしてこれが解けないの?」「さっき『わかった』と言ったのにわかってないじゃな

“間違いチェッカー”にならないで！

ドリルなどの採点をしていると、親は間違ったところばかりに目が行ってしまい、つい「また間違っている！」と叱ってしまう。だが、子ども自身も間違ったことはわかっているので、そこをさらに指摘されると、いい気分にはなれない。親は間違いよりも、きちんと取り組んでいるかに目を向けるようにしよう。

い」など、ちょこちょこ小言を言いながらやらせている親がよくいますが、これは子どもの学習意欲を下げるだけ。答えが合っているかどうかにこだわりすぎるのは考えものです。

できるところ、できないところをしっかり把握

ドリルを使う目的は、〝正解する〟ではなく、なぜその答えになるのか考え方を〝理解すること〟。同じような問題が出たときに正解できるように、考え方をきちんと理解し、解けるようになることが大事なのです。下にドリルの使い方のポイントをまとめましたので、わが家の使い方は大丈夫か確認してみてください。

ドリルを毎日こなしていれば安心、と思わずに、「きちんと理解しているかどうか」を親がときどきチェックしながら、バランスよくやらせてあげてください。

基礎学力が上がるドリルの使い方

つい毎日やる量やスピード感に目がいきがちだが、下のポイントに注意しながら、「本当に理解できているかどうか」をチェックしていきましょう

スピードよりも正答率を重視して解く

早く終わらせたいがために、急いで問題を解き、ケアレスミスをしてしまうのでは意味がない。漢字はきちんと「はね」まで書けているか、算数は計算や単位のミスはないかなど、丁寧に解くこと。初めは時間がかかっても、繰り返し学習していくうちにスピードは上がる。逆に正解率を上げるのは時間がかかるので、今のうちに意識させるようにしよう。

苦手問題ばかりさせない

できているところをやっても意味がないと、苦手な問題ばかりやらされるのは、子どもにとっては苦痛。勉強嫌いにさせないためには、得意な問題もやらせよう。子どもに自信を与えることが、学習意欲につながる。

間違いのくせを探る

復習は、できなかったことをもう一度解き直すことではなく、間違えた理由をつきとめ、考え方を理解すること。それには、まず自分はどういう間違え方をするくせがあるかを知る必要がある。例えば、算数での間違いは、単純に計算ミスだったり……。このように自分の間違いのクセを知り、それを意識して直していこうとすれば、おのずと不正解は減っていく。

○かけ算
①13×5＝65
②7.6×8＝60.8
③9×7/4＝9×7/4＝63/4
④2.5×3.7＝9.25
⑤8/3×4/7＝56×4/21＝224/21
HB

たかがドリル、されどドリル。「やらせておけば安心」は禁物！

第1章
まずは知っておきたい！
子どもを伸ばす方法

6

小学生親なら知っておきたい 長期休みの有効な過ごし方

小学校に入ると、夏休みなど長期の休みの過ごし方も親の悩みどころ。規則正しい生活と学習習慣を身につけるための秘訣を教えます。

楽しいことがいっぱいの半面、朝昼晩の食事の用意に加え、勉強を見たり、遊びにつきあったりなど、休み中のお母さんは大忙し。また、学校が休みという解放感から、子どもの生活リズムが乱れてしまわないか、と心配も尽きないでしょう。

それには、一にも二にも規則正しい生活を心がけることが大切です。例外を作らないようにするには、「睡眠」「食事」「帰宅」の三つの時間は、「毎日何時」と決めておくといいでしょう。それにはまず、朝は学校へ行く日と同じ時間に起きるようにすること。そして、午前中を「勉強タイム」にします（具体的な時間割りは22、23ページ参照）。そのかわり午後は自由。はっきり自由時間を作れば、〝だらだら学習〟もしなくなります。

自分で決めた目標だからがんばれる

一方、夏休みなら40日間もあり、ともすれば、単調な生活になりがち。だからこそ、子どもには何か目標を持たせてほしいと思います。目標を立てる意義は、「自分でできた！」という達成感を味わわせること。そのためには、目標はあまりしぼり込まず、レベルを2段階にして、10個ぐらい立ててみるといいでしょう。

具体的な目標の立て方や、やり方は左に紹介しましたので、参考にしてみてください。

休み中に何かをやり遂げたという達成感は、子どもに自信を与え、最後まであきらめない心を育みます。夏休みは子どもが成長できる絶好のチャンスなのです！

高濱流

挫折しない目標の立て方

目標は、低いハードルの「やったね!」目標を五つ、
ちょっと高めの「すごいね!」目標を五つ、
計10個ぐらい決めてみましょう。

❶目標は2段階に

「やったね！」目標

目標を高く持つことはよいことだが、それがあまりにも高すぎて達成できずに終わると、子どもは「できない自分」に自信をなくしてしまいかねない。そうならないためにも、ちょっとがんばれば達成できるような目標を設定し、「自分はやればできるんだ！」と思わせることも大事。その自信がチャレンジ精神を育み、さらなる上の目標へと向かわせる。

「すごいね！」目標

ちょっとがんばれば達成できる「やったね！」目標は、子どもに自信を与える点では有効だが、目標としてはハードルが少し低め。長期の休み中に達成感を経験させたいのなら、自分の苦手なことを克服したり、初めてのことに挑戦するような大きな目標も設定してみよう。野外体験など、夏休みだからこそできることにチャレンジするのもおすすめ。

❷目標ぎめは親子で

まずは子どもに10個選ばせる

目標は一つや二つに絞り込まず、「やったね！」目標を5個、次に「すごいね！」目標を5個、子どもに選ばせる。目標の中には、お手伝いなど、親が子どもにしてほしいことも候補に挙げて（下の目標達成リスト参照）。

➡

親が確認してバランスを調整

子どもが選んだ目標は、勉強や運動など、どちらか一方に偏っていたり、とてつもなくハードルが高いものだったりすることもある。そのため、親が必ずチェックをし、バランスが取れていなければ、入れ替えをしよう。

➡

最後は子どもが決める

いくつかの候補の中から、最終的に何を目標にするかを子どもに決めさせると、たとえそれがお手伝いの目標でも自分が決めたことなのでがんばれる。

❸目標を「見える化」しよう

目標を達成させるためには、子どものやる気を高め、維持させるシステムを作ることが大事。そこで、目標が決まったら、紙に書き出し、見えるところに貼って。できたものには、スタンプを押したりシールを貼るなどして“見える化”すると、達成感が生まれ、「明日もがんばろう！」という気持ちになれる。

オススメ 目標達成リスト

学習編　漢字を毎日三つ覚える／毎日日記を書く／本を○冊読む／ことわざ・四字熟語を○つ覚える／自分が暮らす町の地図を調べる

生活・お手伝い編　毎朝自分で起きる／毎日草花に水をやる／テレビとゲームは一日○時間まで／犬の散歩をする／トイレそうじをする／洗濯物を干す、たたむ

運動・アウトドア編　ラジオ体操をする／素振りを○回する／逆上がりができるようになる／二重とびができるようになる／○m泳げるようにする

長期休みの“ダラダラ”対策は、規則正しい生活と目標設定

7 「マジメ勉強」と「ゆる勉強」を使い分けよう！

学習習慣と生活リズムを崩さないために、長期休みは大まかな計画を立てましょう。メリハリのある学習が、ムリなく続けられるポイントです。

勉強は毎日コツコツ続けていくことで力がつきます。スポーツの試合や旅行など、一日外出する日を除いて、休みの日も勉強タイムを設けておきましょう。夏休みや冬休みなど長期休みの間は、勉強タイムを午前中に設定するといいでしょう。午前なら友達もまだ遊びにやって来ないので、勉強に集中できます。

学習時間は低学年で1時間、中学年で2時間、高学年で3時間を目安にしましょう。午前中しっかりやれば、午後は自由です。

マジメとゆるめでメリハリのある学習を

午前中の勉強タイムは、朝9時からスタートし、まずは計算ドリルや漢字ドリルでウォーミングアップ。ドリルは、休みの日に限らず、毎日やらせましょう。頭の体操にもなりますし、大事な基礎力がつきます。ドリルの後は、学校の宿題をやったり、読書をしたりするなど、学年相当の勉強時間に合わせて、マジメに勉強に取り組ませます。

では、その後は何をするのかといえば、〝ゆる勉〟です。例えば、親子で将棋をしたり、どちらが「うかんむり」の漢字を多く書けるかを競ったりするなど、楽しみながら少し頭を使う遊び感覚の勉強のこと（左ページ下参照）。「えっ!?これも勉強なの？」と驚かれる人もいるかもしれませんが、遊びを通じて何かを考えたり、身近な自然に触れて発見したりすることも、立派な勉強です。特に幼児や低学年こそ〝ゆる勉〟を大切にしてくださいね。

学年別勉強時間の目安

休みの日は、午前勉強、午後は自由時間（遊び）、と決めておきたい。
勉強も、同じことをやるのではなく、メリハリをつけるのがコツ

高学年の勉強時間の例

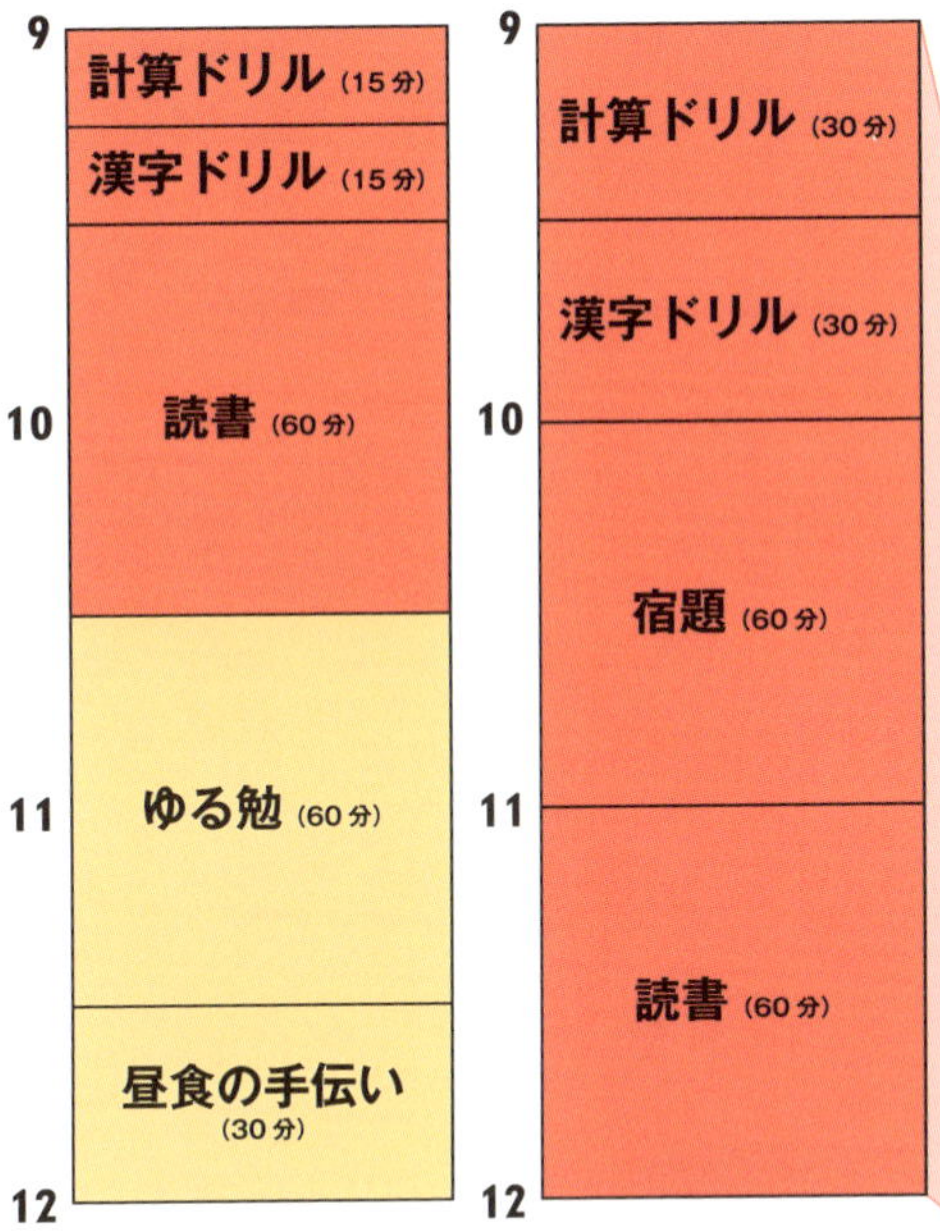
例2
9
計算ドリル（15分）
漢字ドリル（15分）
10
読書（60分）
11
ゆる勉（60分）
昼食の手伝い（30分）
12
例1
9
計算ドリル（30分）
漢字ドリル（30分）
10
宿題（60分）
11
読書（60分）
12

長期休みの宿題が前半に終わってしまった場合は、読書をするかクイズをするなど、「ゆる勉」を増やして。夏休み中は観察や調べ学習など、休み期間を通したテーマを目標で作っておくと、「今日は何をさせよう」と悩むことも少なくなる。

計算ドリルや漢字ドリルなど、毎日欠かさず取り組む学習でまずはウォーミングアップ。それから、その日やるべき学校の宿題に取り組み、残った時間は復習や通信教育などをする。あまった時間は、読書などに使おう。

高学年

高学年には、毎日3時間勉強をさせる。前半で学校の宿題が終わってしまった場合は、読書時間や「ゆる勉時間」を増やし、家のお手伝いもきちんとさせる。

中学年

宿題の量が増えるので、毎日2時間勉強させる。残りの時間は、親子でボードゲームをしたり、クイズをしたりして、頭を使いながら遊ぶ時間にしてみよう。

低学年

低学年は学校の宿題が少ないので、市販のドリルを使用したりして、毎日1時間勉強させる。低学年こそ「ゆる勉」が大切。下記を参考に試してみて。

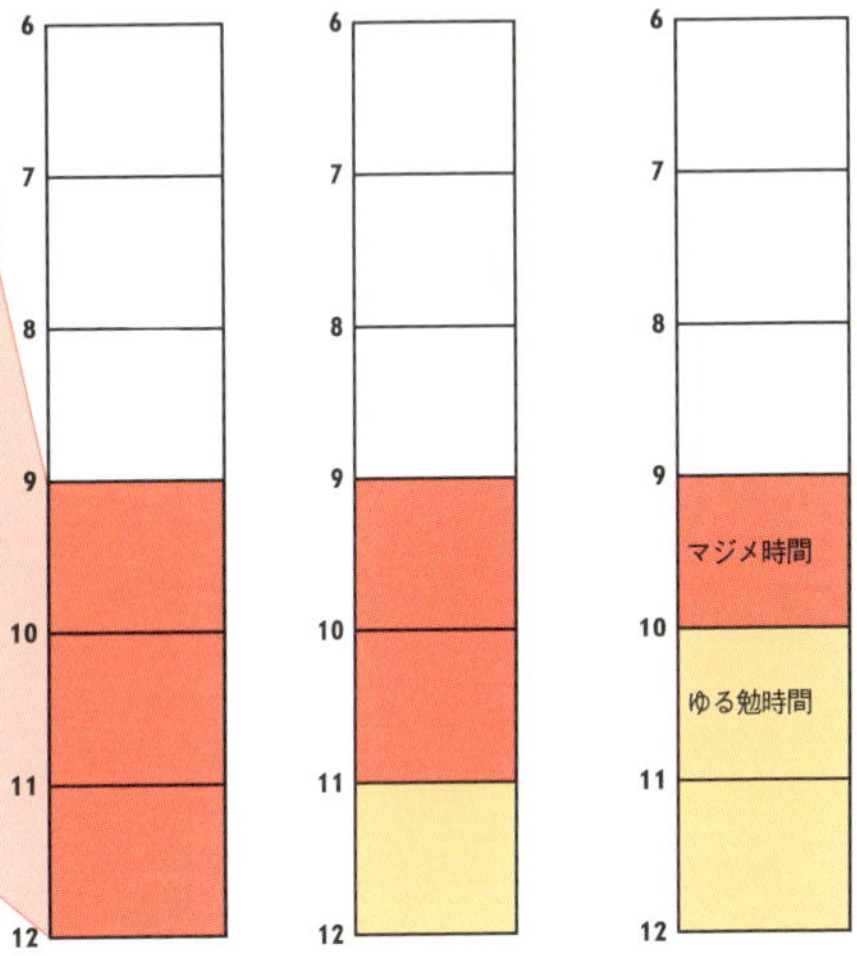
6
7
8
9
10
11
12
マジメ時間
ゆる勉時間

COMIC
COMIC

ゆる勉時間

- 身近なもので工作をする
- 親子でボードゲームをする
- きれいな石を集める
- 親子でしりとりをする
- いろいろな葉っぱを集める
- 親子で漢字クイズを出し合う
- ただひたすら土を掘ってみる
- パズルや迷路をする
- 海や山で拾ったものを分類する
- 立体的なもので遊ぶ

マジメ時間

- 習った漢字を20個覚える
- 学校の宿題をやる
- 自由研究の下調べをする
- 塾の宿題をやる
- 読書をする
- 通信教育の課題に取り組む
- 日記を書く
- 漢字ドリルをやる
- 新聞を読む
- 計算ドリルをやる

ガリガリ机に向かうだけが勉強ではないゾ！

高濱正伸ブックガイド1

ドリル・ペーパー

ドリル類は、子ども自身が楽しめてやれるものが、いちばん！
ぜひ、大人もいっしょにチャレンジしてみて！

なぞペーシリーズ

すべて草思社

「なぞペー」は「なぞなぞペーパー」の意味です。
なぞなぞのように、楽しく、やる気が出る問題ばかり。
解くたびに算数や国語の力がついてきます！

**算数脳パズル
はじめてなぞペー**
924円
「かくれんぼ」「犯人さがし」などをテーマにした楽しい問題が満載。年中〜年長向け。

**算数脳パズル
なぞペー①**
1155円
思考力を育てる図形中心の楽しい問題で子どもの知力を鍛える。5歳〜小学生低学年向け。

**算数脳パズル
なぞペー②**
1155円
5歳〜小学生低学年向けパズルの第2弾。子どもが面白く取り組めるよう工夫された問題が満載。

**算数脳パズル
なぞペー③**
1155円
5歳〜小学校低学年向けパズルの第3弾。高学年の子にも使える図形問題なども掲載。

**算数脳パズル
空間なぞペー**
1155円
なぞペーの空間問題編。頭の中でイメージを動かすのが得意になる。小学校全学年向け。

**算数脳パズル
鉄腕なぞペー**
1365円
高学年向けなぞペー。ペーパーをミシン目で切り離せるので、ファイルしたり、復習するときに便利。

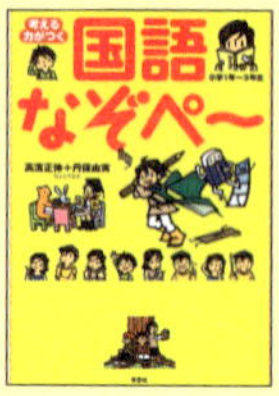

**考える力がつく
国語なぞペー**
1260円
なぞペーの国語編。文法以前のことばの感覚や語彙力を楽しく養う。小学校低学年向け。

**考える力がつく
国語なぞペーおかわり!**
1260円
「国語なぞペ〜」第2弾。「ていねいに読む力」や「わかる力」が伸びる。小学校低学年向け。

チャレペーシリーズ

算数オリンピック数理教室アルゴクラブ著　高濱正伸監修
すべて1260円　実務教育出版

1日1問ずつやるのにちょうどよい、切り離して使える問題集。
考える楽しさを育む問題が満載。
親向けの丁寧な解説も載っています。

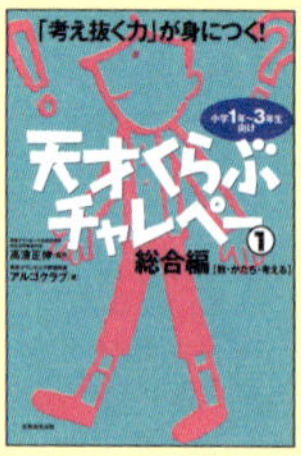

天才くらぶチャレペー①
子どもにチャレンジすることで考える楽しさを体験してもらうためのドリル。小学校低学年向け。

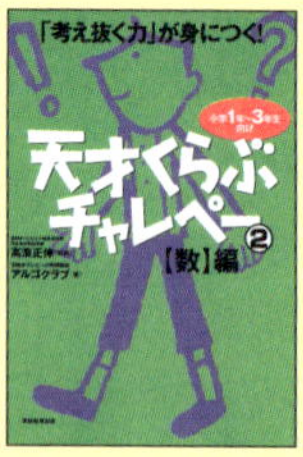

天才くらぶチャレペー②
チャレペー第2弾。学校の授業よりハイレベルだが、楽しい算数論理問題で構成。小学校低学年向け。

天才くらぶチャレペー③
平面図形と立体図形、2つの「かたち」に関する問題を掲載。小学校低学年向け。

天才くらぶチャレペー④
テーマは「考える」。筋道立てて論理的に考える力をつける。小学校低学年向け。

価格は全て税込みです。

算数脳ドリル立体王シリーズ

すべて1050円　学研パブリッシング

立体図形の感覚を身につけるためのドリル。
幼児からでき、大人もうなる問題がそろっているので、
親子いっしょに取り組みたい。

やさしいキューブ100

立体ドリルの入門編。基礎力重視のやさしい立体問題で構成。年長～小学2年向け。

たのしいキューブ100

やさしいキューブ100の続編。試行錯誤しながら楽しく解く立体問題を掲載。年長～小学2年向け。

見える力編

空間認識力、発見する楽しさ、図形センスなどが身につく問題で構成。小学2年～4年向け。

詰める力編

要約する力、粘り強さ、集中力などが身につく問題で構成。小学2年～4年向け。

はじめてのてんかい図

展開図を試行錯誤しながら組み立てて解き進める「手で解く」立体ドリル。小学校全学年向け。

びっくり!てんかい図

「はじめてのてんかい図」で紹介した問題からさらに発展した問題を掲載。小学校全学年向け。

点つなぎみとり図

空間認識力をしっかり定着させるため、見取り図を描写する力を訓練する。小学校全学年向け。

点つなぎだんめん図

立体の「断面図」を理解させ、中学入試でも差がつく断面図の問題を多数収録。小学校全学年向け。

東大脳シリーズ

すべて735円　学研パブリッシング

粘り強く思考する力を育てるドリル。
問題の紙を本から取り外し、壁などに貼って
「目で解く」問題も収録！集中して考える力がつきます。

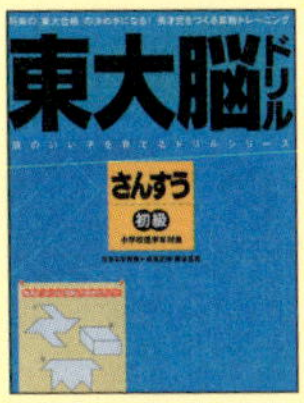

さんすう初級

平面図形、空間図形、論理、思考錯誤、発見の5分野から出題。小学校低学年向け。

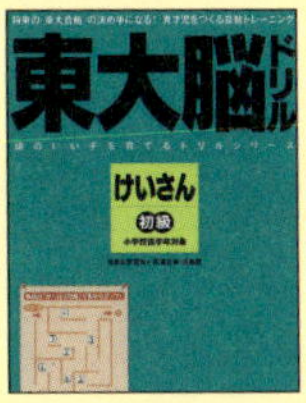

けいさん初級

従来の計算ドリルとは違った、子どもがハマるおもしろい計算問題を掲載。小学校低学年向け。

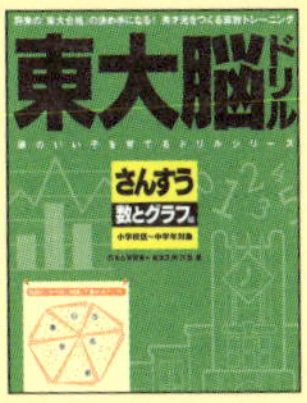

さんすう数とグラフ

数の問題や、表・グラフを論理的に読み解く問題を中心に出題。小学校低～中学年向け。

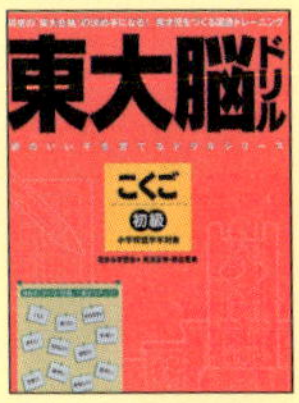

こくご初級

言葉遊び、語彙、文法、イメージ力、論理的表現力の5分野から出題。小学校低学年向け。

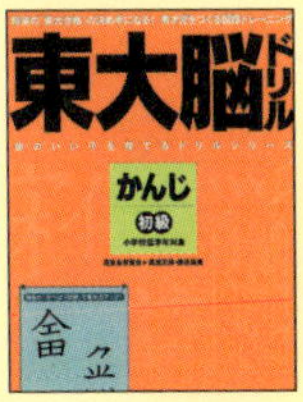

かんじ初級

従来の漢字ドリルとは違う、子どもがハマるおもしろい漢字問題を中心に出題。小学校低学年向け。

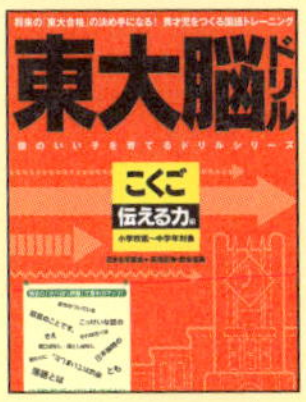

こくご　伝える力

論理的表現、感性的表現など“伝える力”を伸ばす問題を中心に出題。小学校低学年～中学年向け。

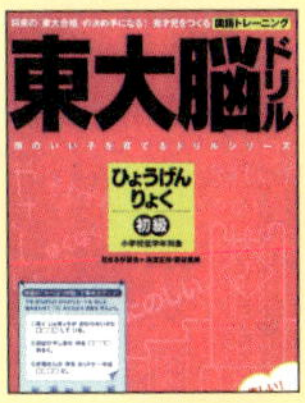

ひょうげんりょく　初級

国語力でも大切な「表現の力」を磨き、作文や文章読解を得意にする。小学校低学年向け。

しこうじっけん初級

花まる学習会名物の、ひとひねりして楽しめる「思考実験問題」を収録。小学校低学年向け。

Takahama's History 1

3人兄弟の真ん中。甘えん坊でコンプレックスも感じていた

生まれは九州・熊本の山奥。温泉町で有名な人吉《ひとよし》という町で育った。医者の父と元看護師で専業主婦の母と3人きょうだいの5人家族。2歳上の頭のいい姉と2歳下のハンサムな弟の間に生まれた私は、おしゃぶりとおねしょ癖のあるおとなしい子どもだった。父は甘え上手な弟をかわいがり、母は口が達者な姉とよくぶつかっていた。真ん中の私は、両親からみれば、あまり特徴のない子だったと思う。

　あえて特徴をあげるなら、頭が大きかったことだ。小学校に上がったとき、サイズの合う赤白帽がなくて、県庁所在地の熊本市に問い合わせても見つからなかった。東京ならあるかもと、問い合わせてみたが、やはりない。だけど、母はあわてることなく、「あらー、あんたの赤白帽は、日本にはなかよ」と笑っていた。その笑顔が、幼かった私をほっとさせたものだ。

　子どもの頃の私は、とにかく毎日、外で遊んでいた。川で泳ぎ、野山を駆け回りクタクタになって家に帰れば、おいしいごはんが待っていた。

　読書好きの姉からは「あんたも本を読みなさいよ！」と言われていたけれど、両親から「本を読みなさい」とか「勉強をしなさい」と言われたことは一度もない。父が医者だったので、親戚からは「跡継ぎがいていいね」なんて言われたことはあったけれど、父から「医者になれ」と言われたこともなかった。いい意味で放っておいてくれる両親だったのだ。

　だけど、小学生の頃だったか、テレビで歌手かお笑いタレントが、出世して親に家を買ってあげ、「親孝行ですね」という話をやっていたとき、ふと母がこう言った。

「家なんかいらんよ。親より先に死なんならよかとたい」

　大切なことはそういうことなんだな、と思った。

上は３歳頃の写真。スヌーピーに出てくる、いつも毛布を抱えているライナスのような子だった。下は母親と姉、弟と一緒に。

{第2章}

遊びながら楽しく鍛える算数力

{第2章}

遊びながら
楽しく鍛える算数力

1

小学生が失敗しやすい「五つの落とし穴」

学年が上がるにつれて、得意・不得意がはっきりと分かれる教科といえば算数。では、算数が得意となるためにはどんな力が必要なのかを考えていきます。

事前に
知っておくべし

はじめに、お母さん、お父さんは「算数が得意な子」というと、どんな子をイメージするでしょうか? 計算が速い子? それとも図形問題などがパッとできるひらめきのある子でしょうか?

もちろん、それも一部にはありますが、そもそも算数とは、頭をフル回転させながらじっくり考え、答えを導き出す教科です。ですから、基本的には考えることを面倒くさがらずできる、「考える力」のある子が、算数が得意になり、伸びる子なのです。

私が算数をことのほか重要視しているのもまさにこれで、試行錯誤しながら答えを導きだしていく「考える力」は、子どもたちが生きていく上で必ず必要になってくる力だと確信しているからです。

「考える力」の不足がつまずきの原因に

とはいえ、小学1、2年生ごろまでは楽しく勉強していたのに、だんだん嫌いになってしまったようで……というのは、よくある話です。それは、ある「つまずき」から嫌いになってしまうことが多いのです。

子どもの「算数力」は、学年とともに成長していきますが、その途中でいくつかの落とし穴があります。この落とし穴こそ、多くの子がつまずきやすいポイントです。

低学年では繰り上がりや繰り下がりの計算問題、中学年の分数や割合問題。高学年になると長文の文章題や図形などの問題です。

低学年のうちは算数が好きだったのに、中・高学年になってから苦手になった、という子は、前述

算数能力の成長曲線に潜む五つの落とし穴

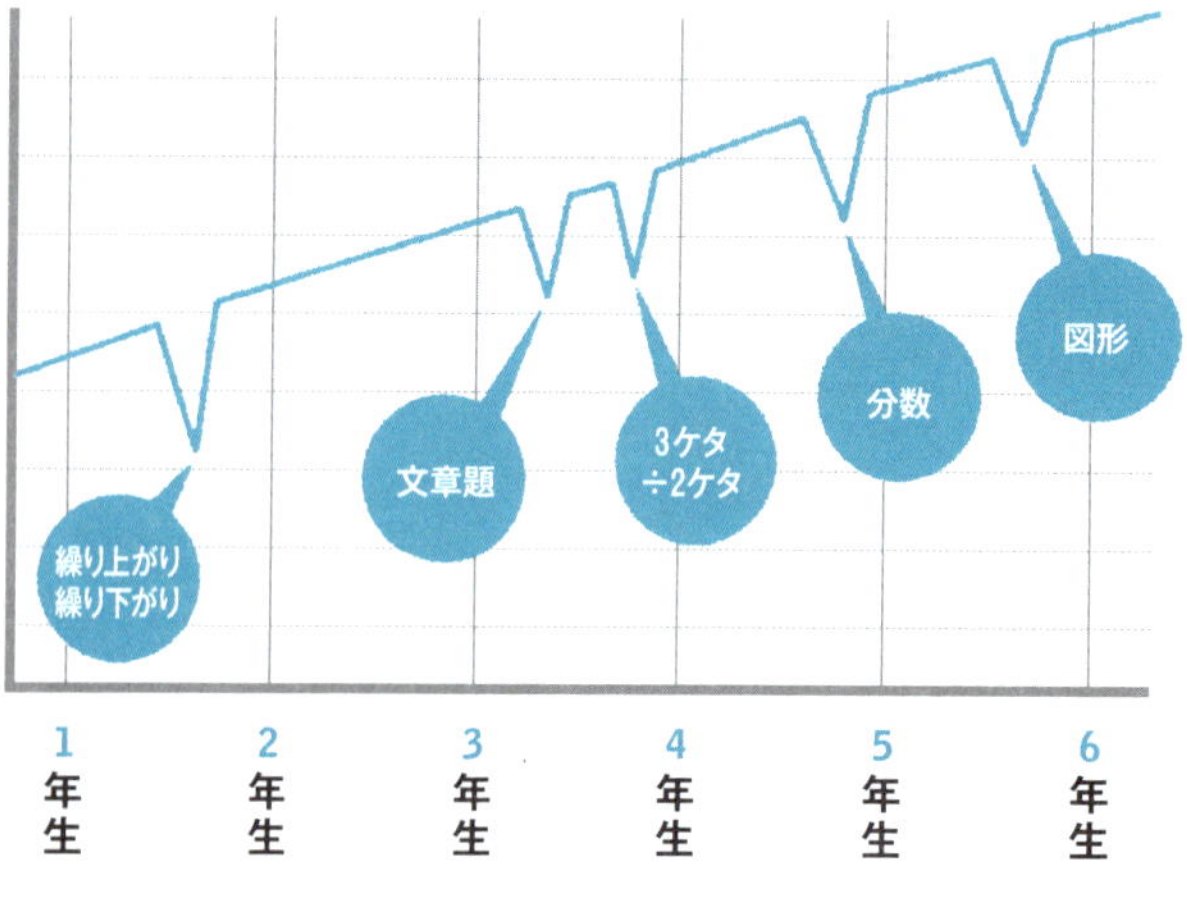

繰り上がり
繰り下がり
文章題
3ケタ
÷2ケタ
分数
図形
1年生
2年生
3年生
4年生
5年生
6年生

した「考える力」のベースが養われていない可能性が高いのです。

というのも算数は、学年が上がるほどに抽象概念が含まれた勉強が増え、単なる計算の速さだけでは太刀打ちできない壁にぶちあたってしまいます。

これらの「落とし穴」対策としては、繰り上がり・繰り下がりの計算や分数の問題は、概念を理解させようとするよりも、反復練習で解法の手順をしっかりマスターさせるのが効果的。あまり概念の理解にとらわれすぎると、それがすぐに理解できない子にはプレッシャーとなり、かえって算数嫌いになってしまうからです。

一方、文章題や図形は、解き方の手順をマスターするだけでは、解くことができません。この二つのジャンルは、「考える力」が不可欠。では、その「考える力」はどのように養っていったらよいかは次のページから紹介します。

つまずきポイントを詳しく解説！

親にとっては何でこれがわからないの？　というような問題でも
子どもにとっては大きな関門。あせらず、「できること」を積み重ねていきたい

つまずきポイント❶

繰り上がり、繰り下がりの計算

５＋７のような繰り上がりのある計算は、足すことで位が１つ上がるということが、15－８のような繰り下がりの計算は、10の位から数をもってきて引くという操作がわからず、つまずいてしまう。10進法の概念、１の位、10の位などの数を構成する概念が理解できていないことがつまずきの原因。

つまずきポイント❷

3ケタ÷2ケタの計算

486÷27のような３ケタ÷２ケタの計算問題は、割られる数の中に割る数がいくつ含まれているか、それを見つけなければいけないところでつまずいてしまう。見つけるには「おおよそいくつ」というメドをつける必要があるが、それを考えることができない。つまずき解消のポイントは、習うより慣れろ。

つまずきポイント❸

分数

まず、「分数」とは何かという概念理解の段階で、多くの子が立ち止まってしまう。「３分の２メートル」のリボンといった実数ならまだしも、「コップ３分の２」の水のように割合で使われるとわからなくなり、さらにその計算となるとお手上げという子も。まずは反復の計算練習で分数に慣れることが先決。

つまずきポイント❹

図形

図形の勉強で難しいのが、見えない部分までを見通して、面積や体積を出したり、証明をしなければいけない問題。得意な子と不得意な子にはっきり二分されやすいが、得意な子の特徴は見えない補助線が見えること、頭の中で見えない部分を含めて図形を映像化できること。イメージ力の違いが差となる。

つまずきポイント❺

文章題

文章題でつまずきやすい第一の理由は、読み取る力がないこと。何を問われているか、どの情報が必要なのか読み取っていく力が弱いために、どこから手をつけて、何をどう解いていけばよいかがわからず、立ち止まってしまう。文章題には、じっくり考え、問われていることに確実に答えていく力が必要。

計算が速い子でも、「算数が得意」とは言えないぞ！

{第2章}
遊びながら楽しく鍛える算数力

2

幼児~低学年の「わかっちゃった体験」が大切

算数が得意になるためには「考える力」が必要です。この力の源となるのが、小さいときの「ひらめき体験」。遊びを通じて算数が好きな子に育てましょう。

算数が得意になるための「考える力」を育むためには、幼児~低学年のうちから「考えることは楽しい!」「問題を解くのはおもしろい!」という感覚を持たせることが一番です。

そんなことできるの？　と不安に思う方もいるかもしれませんが、これは意外に簡単。やらせるのは、子どもが大好きなパズルやゲームでいいのです。

問題を考えて解く体験を私は「わかっちゃった体験」と呼んでいます。パズルやゲームに取り組んで、「あ、わかった!」とひらめいたときの快感、自らの力で解ききった満足感は後々、思考力が必要な算数の問題にぶつかったときでも、「よし、解いてやるぞ」という原動力になります。

ひらめき体験がやりぬく力を育む

また、パズルを解ききって達成感を味わうと、解ききらないと不快に思うようになります。これは、算数を勉強する上でとても重要な感覚です。答えを教えてもら

算数好きになるきっかけは ひらめきの快感と成功体験

小さいときに遊びに熱中し、「わかっちゃった体験」をすると、算数が得意な子に！

算数ドリルやプリントだけでは ひらめきの快感はいまひとつ

ゲームやパズルなら ひらめきの快感や 「親に勝つ」喜びが味わえる

親子で対等に競いあえるパズルやゲームは、親も本気で取り組む分、勝ったときの子どもの喜びは大きくなる。この自信が「自分はやればできるんだ！」という自己肯定感につながり、最後まであきらめない意志と集中力を養う。ただし、負けるとめげてしまうタイプの子の場合は、様子を見て1～2回勝たせてあげる配慮をしてもOK。

勝ち負けがはっきりしているので 勝てるまで何度も挑戦したくなる

「何としてでも勝ちたい」という負けん気のある子は、勉強でも伸びる。はっきりと勝負がつくパズルやゲームなら、負けたときの悔しさも味わえるので、勝つまで何度も挑戦しようという粘り強さが育つ。この強い意志があれば、たとえ難問を前にしても、「絶対に自分で解く」「最後まで解く」という気持ちを貫くことができる。

うことを嫌がり、ああでもない、こうでもないと頭と手を動かしながら答えを見つけようとする習慣がつき、最後まで自分の力で考え抜く力がつくようになるからです。

さらに、親の声が耳に入らないほどパズルやゲームに夢中になると集中力が養われるし、ゲームに負ける悔しさを味わえば、「負けたくないから次はがんばる」という気持ちの強さも育まれます。

これらは、いずれも算数に必要な「考える力」を伸ばすのに欠かせない要素です。

まずは、子どもの小さな「わかっちゃった体験」を親御さんはぜひ大切にしてあげてください。

これは子どもが大きくなってからでも同じ。「やった、できた！」という小さな成功のうれしさがあるから勉強を続けたいと思うのであって、できないことだらけだったり、怒られてばかりいたら、勉強は苦しいだけです。

「考える力」のベースは、「わかっちゃった体験」で育め！

第2章
遊びながら楽しく鍛える算数力

3 算数力で大切な「見える力」と「詰める力」

「考える力」には、大きく分けると「見える力」と「詰める力」の2つの力が必要です。それはどんな力なのか、詳しく説明します。

今まで、算数には「考える力」が大切だとお話ししてきました。私はこの算数特有の「考える力＝論理的思考力」を「算数脳」と名付けています。

算数脳を分析していくと、「見える力」と「詰める力」に分けられます。これは私が長年、幼児から大学生まで教えてきた経験から導き出した考えです。

「見える力」とは、言い換えると、イメージしたり発想したりする力のこと。実際には見えない立体の裏側を想像するような問題がいとも簡単にできる子は、「見える力」がある子。問題文を読んだとき、書かれていない図や表が浮かんだり、問題文の裏に隠れている意図を読み取ったりできる子もそうです。

一方、「詰める力」とは、やり遂げる力のこと。答えにたどり着くために必要な集中力ともいえるでしょう。自分でなるほどと納得するまでいかないとやった気がしないという子や、「時間だから正解を言います」と言うと、「まだ言わないで」と頑張るタイプは、この「詰める力」が強いといえます。

今から身につけたい八つの力

それぞれの力は、さらに左のように四つの要素に分けて考えることができます。この八つの力は、独立した能力であると同時に、総合的にお互い深く関連し合ってもいます。

「力」という言葉を使うと、何か生まれもった特別な能力のように思えてしまいますが、むしろ、幼児期からの外遊びの体験や生活習慣が大きな影響を及ぼします。

たとえば、かくれんぼなどは、じつは空間認識という算数には欠かせない能力を養う遊びでもあります。また、家族でピザを切り分けるときに分数で考えさせたり、買い物に行ったときに、消費税の税額を計算させたりと、日常生活には数限りない〝教材〟があります。それを日常会話の中に取り入れるかどうかで、子どもの能力の伸びは違ってくるのです。ひとつひとつは小さな体験であっても、のちに勉強に必ず生きてきます。

「見える力」、「詰める力」のまとめ

算数脳には、ものごとをイメージする「見える力」と
最後までやり抜く「詰める力」が必要。この二つの力が
身についていれば、どんな難しい問題にも立ち向かうことができる。

さんすう

見える力

現実には見えていない部分を、隅の隅まで
思考で補って見渡すことのできる「思考力」のこと。

図形センス

必要な線や図形だけを選択的に見たり、図にない線（補助線）がイメージできる力。たとえば右図の上の図形で「三つの同じ形に分けよ」と言われて、下の分割する点線が見える力のこと。

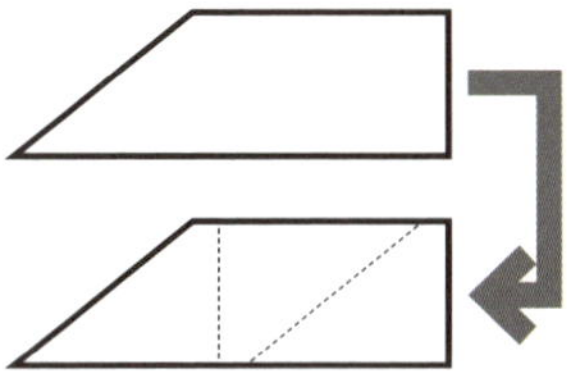
三つの同じ形に
分けるには…

試行錯誤力

あれこれ試す能力のこと。正解を導き出すために、図や絵を描いたり、表を作ったりして手を動かしながら「ああでもない、こうでもない」と考え、解決のための糸口を探すことのできる力。

発見力

問題を解くための鍵やアイデアをピンと思いつくことができる力。「普通はこうだ」という既成の枠にとらわれず、柔軟な発想で、習っていないことも解決法を見つけることができる。

空間認識力

紙に描かれた立体を、頭の中でクルクル回したり、切ったり展開したりと、自由自在に操りながら動かしてイメージできる力。右図のように、四角錐を真上から見るとどうなるかが頭の中で描ける。

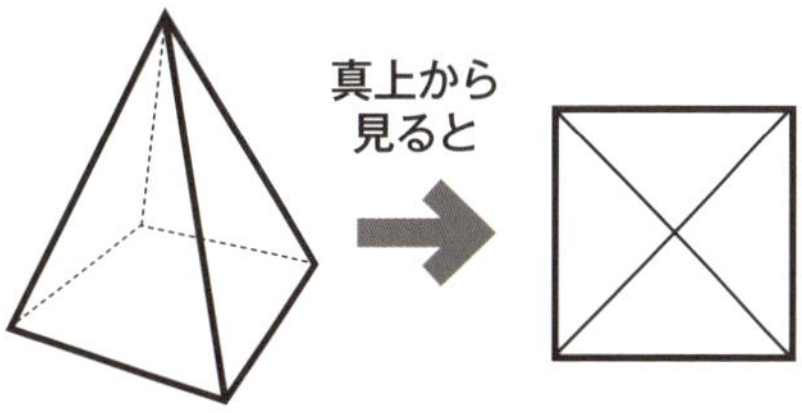
真上から
見ると

詰める力

「見える力」を生かして、とことん執念深く、
論理的に考え、答えを出し切ること。

論理性

論理的なステップを踏み外すことなく、筋道を立てて考えられる力。たとえば右図のように「AはBより重く、BはCより重い」という条件を与えられれば「AはCより重い」ことがわかること。

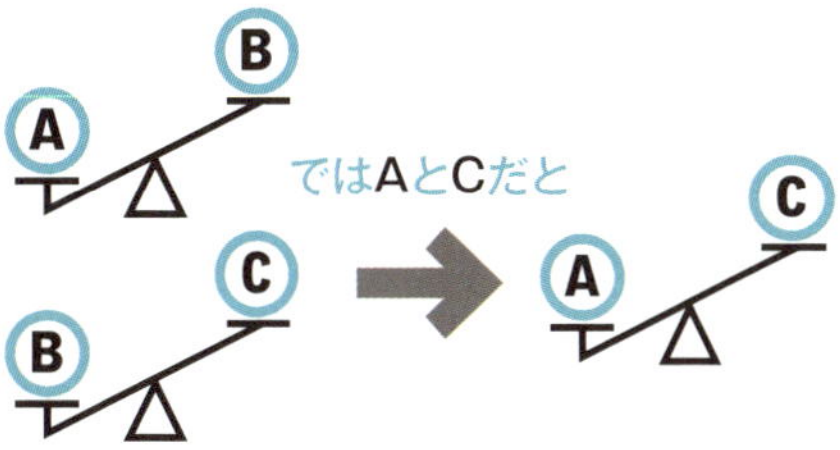
A
B
B
C
ではAとCだと
A
C

意志力

途中で諦めずに「絶対に最後まで解ききる」「自分で答えを見つける」と意欲をもってやり抜く力のこと。いい意味での「執念」や「しつこさ」で、やり遂げる喜びにもつながる。

要約力

相手の言いたいことがわかる能力。「その文章が何を言っているのか」「出題者や作者の狙いは何か」という視点をもち、「要するにこういうことだ」と、主題や意図をつかみとっていく力のこと。

精読力

一字一句見落とさず、集中して文章を読める力のことで、文章題を解くのに欠かせない。右の問題のように複数の条件が与えられている場合、一つも見落とすことなく確実に読めることが重要。

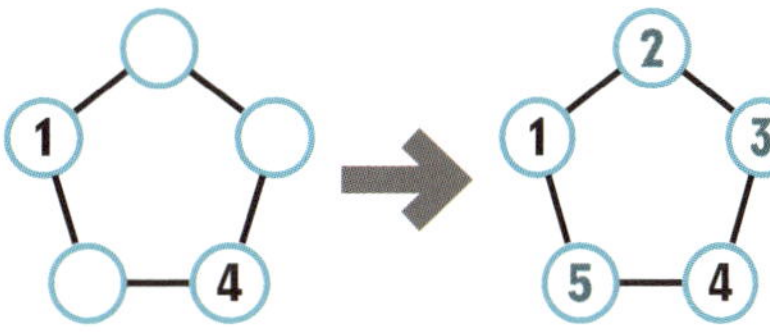
○に1～5の数字を一つずつ入れます
3と4は1のとなりでなく、
1と5は3のとなりではないとすると？
1
4
2
1
3
5
4

算数が得意になるには、
「見える力」と「詰める力」が必要！

前のページで、算数脳に必要な「見える力」と「詰める力」について説明しました。ここでは、その二つの力をみるチェックテストを用意しました。テストといっても、クイズ感覚で取り組めるものなので気軽にやってみてください。

親子でやってみよう!
「見える力」・「詰める力」チェックテスト

算数脳に必要な「見える力」と「詰める力」。
大切なのはわかっても、どんな力かまだよくわからない……
という人は、ここで紹介するチェックテストにトライ！

見える力　図形センスチェック

4本のマッチ棒

Q 下の図のような34本のマッチ棒でできた図形にマッチ棒を加えて、同じ形・同じ大きさの二つに分けたい。何本加えたらいいでしょうか？

A

[答え・解説]

答え＝3本

❶マッチ棒1本分を辺にした正方形が、この中にいくつあるか。まずはそれを考えられるかどうかが、解答のひとつのポイントになる。正方形に分けると、その数は18個。それを同じ形、同じ大きさの二つに分けるのだから、正方形9個ずつで同じ形を作ることができるポイントを探していく。

❷図形の上の方にある十字型は五つの正方形で構成されている。その下に、もうひとつ正方形をくっつけた、合計6個の十字型を見つけられることが2番目のポイント。これが見つかったら、答えはもう見えてくるはず。

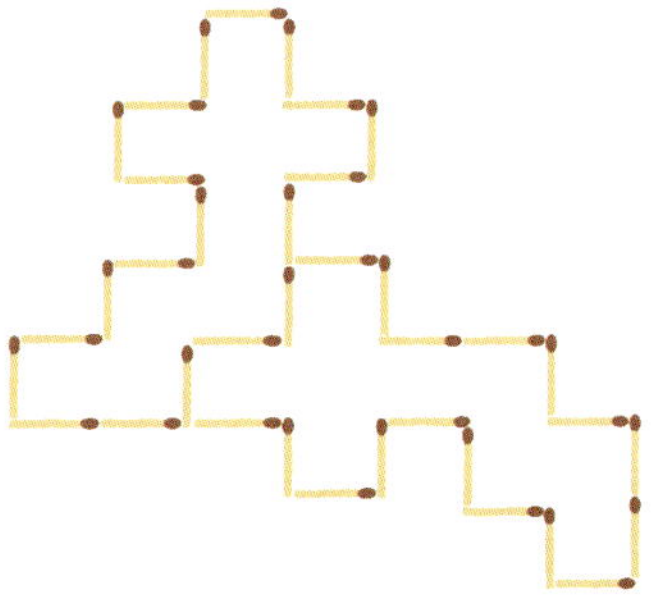

出典：『算数脳パズル　鉄腕なぞぺ～』（草思社）

高濱ポイント

正方形に分けて考えることができますか?

高学年は、正方形が何個かという考え方ができているか、正方形に分けて考えるということができているかを見てあげてください。低学年の子は、「こうじゃないかな？」と考えながら、いろいろな線を書き込んでいるかどうかがチェックポイントです。

右ページのテストでは「見える力」の中の「図形センス」を、下のテストでは「詰める力」の中の「意志力」をチェックするものです。

このテストをやると、「図形センス」や「意志力」というものが具体的に体感できるのではないでしょうか？

低学年の子にはちょっと難しい問題かもしれませんが、ここで大切なのは「正解が出せたか」ではなく、「出そうとがんばって考えているか」。

何とか解こうとしていろいろ描いたり、手を動かしているかどうかを見てあげてください。問題をさらっと読んだだけで、たいして考えもせず、「わかんない、答え教えて！」と言ってきたり、ただじっと考え込んで固まっているようなら注意信号です。

まずは、お父さん、お母さんも子どもと一緒にぜひチャレンジしてみてください。

詰める力　意志力チェック

重いのはどれだ？

Q

A ～ Hまでの八つのおもりがあります。
その中に一つか二つ重いものがまぎれこんでしまいました。
のぶひろくんが、まぎれこんでしまった一つか二つを探し出すために適当に天秤にのせてみたら、右図のようになりました。
まぎれこんでしまった重いおもりはどれですか？

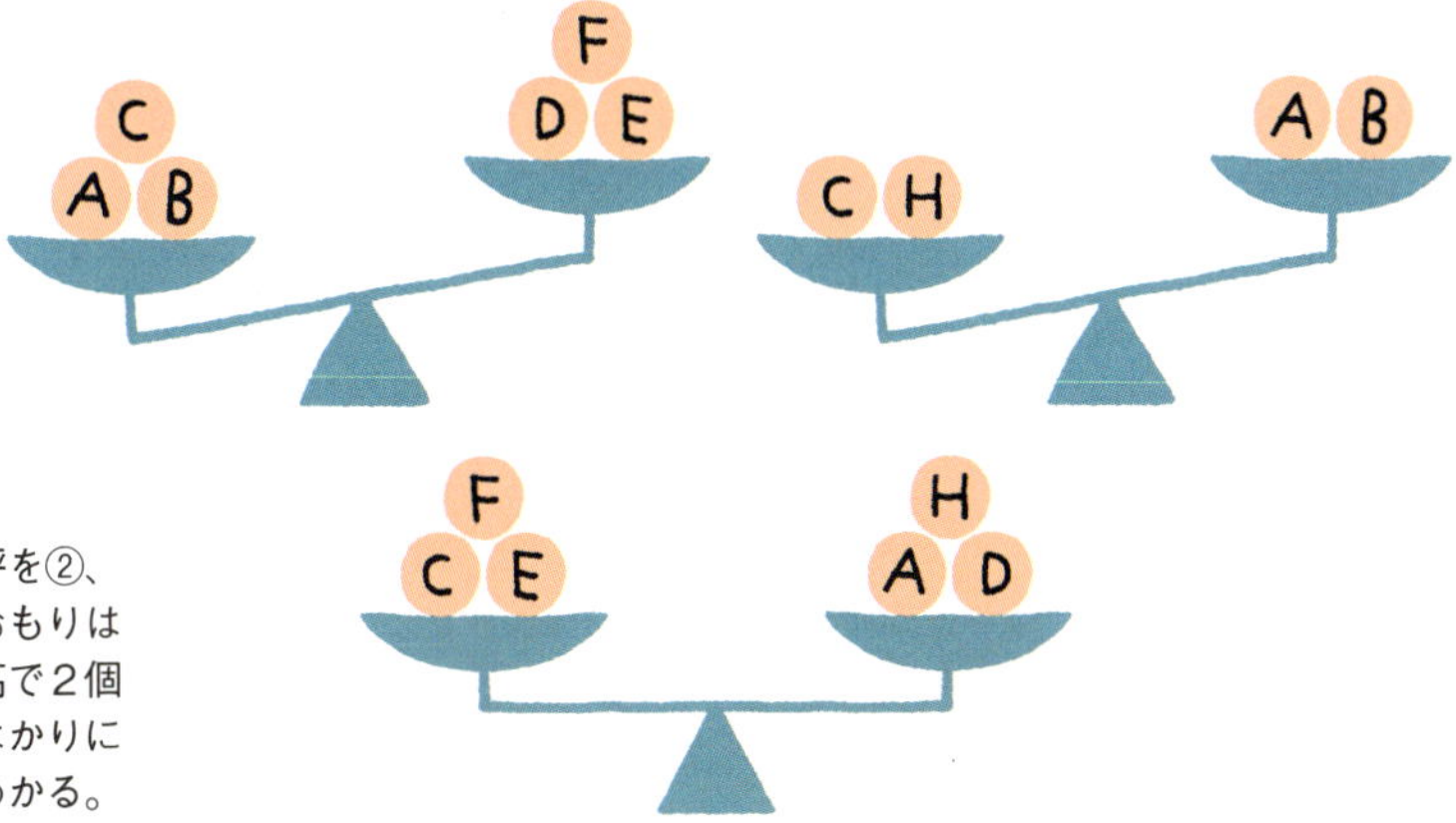

A

[答え･解説]

答え＝CとH

左上の天秤を①、右上の天秤を②、下の天秤を③とします。重いおもりは一つか二つとなっており、最高で2個しかない。だから軽いほうのはかりには、乗っかっていないことがわかる。ここで、ABDEFの五つは違うことがわかる。

次に残るCGHのどれがそうかを見つける。③の天秤を見ると、それぞれ両側にCとHがあり、天秤は釣り合っている。つまり重いものが1個ずつ乗っているか（CHの二つとも重い）、この中にはないか（Gだけが重い）のどちらかであることがわかる。

もう一度、①の天秤を見ると、Cの乗っかっているほうが下がっており、Gだけが重いとすると、この状態は成り立たないことがわかる。よってCとHが重いということになる。

出典：『算数脳パズル　鉄腕なぞぺ～』（同）

高濱ポイント

必要な情報を抜き取っていく根気があるか？

まぎれこんでしまった重いおもりがABDEFにはないということ、それを消したあと、CGHの中のどれかの中にあること、①の天秤を見るとGだけが重いなら絵的にはおかしいとわかることが解答のポイント。必要な情報を抜き取っていく根気が求められます。

第2章
遊びながら楽しく鍛える算数力

4 算数力を伸ばす高濱流「パズルゲーム」

思考力、集中力、意志力など、勉強に必要なあらゆる力を養うパズル。家庭でも作れる簡単パズルで、親子で楽しみながら、算数脳を鍛えましょう。

ここでは算数で大切な「見える力」と「詰める力」を遊び感覚で楽しみながら鍛え、基礎的な思考力の養成にもなる「算数脳パズルゲーム」を四つご紹介します。

このパズルの特徴は、簡単に手作りできるものばかりだということ。紙とエンピツさえあればいつでもどこでもできますし、親が何度でも類題を出したり、難易度を上げることができます。

やる際に気をつけたいのは、子どもにだまってやらせるのではなく、親子で一緒にやりながら、「言葉のキャッチボール」を忘れないことです。

言葉のやりとりの中で子どもの頭は刺激される

たとえば、問題を出すときに、「ルールの説明は1回だけよ」と言えば、子どもは耳で〝精読〟しようとします。ルールや手順を淡々と説明するだけでも、子どもは「勝つためには要するにこうすればいいのか」と、ゲームの内容を〝要約〟しようとします。

さらに、ヒントを与えながら〝試行錯誤〟させたり、ときには「なぜ、そう考えたの？」と質問し、自分の考えを言わせてみたり。

こうした言葉のキャッチボールが、子どもの頭脳を刺激します。

そして何より、子どもは親と一緒に何かやるのが大好きです。親と一緒に遊び感覚で解くことで、「パズルはおもしろい！」から「解くことは楽しい！」と思うようになるのです。

子どもがパズルを解くことに飽きてきたら、子ども自身にパズルを作らせてもいいでしょう。

ゲーム1

○△□、ない数字なーに？ → 見える力

Q ○と△と□のなかに、それぞれ1〜5までの数字が入っています。
○△□それぞれに、足りない数字があります。さて、どの印の、どの数字が足りないでしょう。

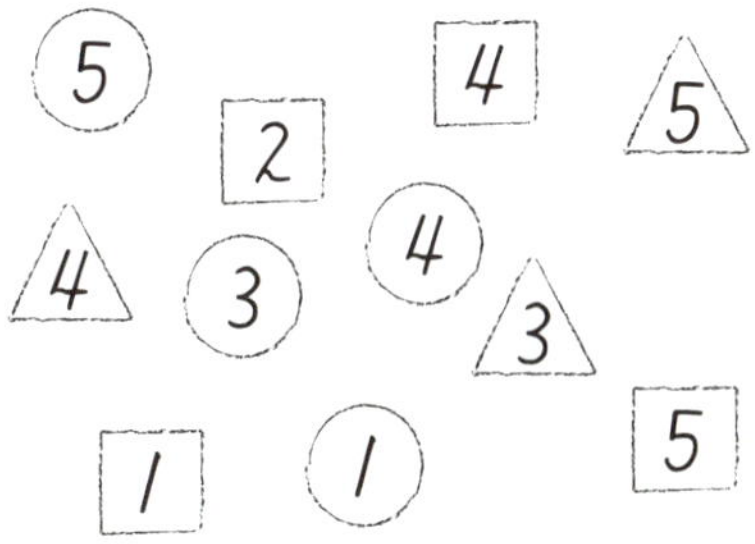

問題の作り方とアドバイス

○△□それぞれに、1〜5の数字を入れたものを描く。その紙に白紙を重ね、いくつか（右図では赤丸印のもの）を間引いて写し、それを問題にする。慣れてきたら、全体の数や、消す数字を増やしてみよう。

ゲーム2

スクエアパズル → 詰める力

Q 数字の入ったマス目を含め、その数字の数だけマス目を正方形か長方形で囲いましょう。

囲った正方形か長方形で、4×4マスがすべて埋まるようにしましょう。

囲った四角が重なってはいけません。

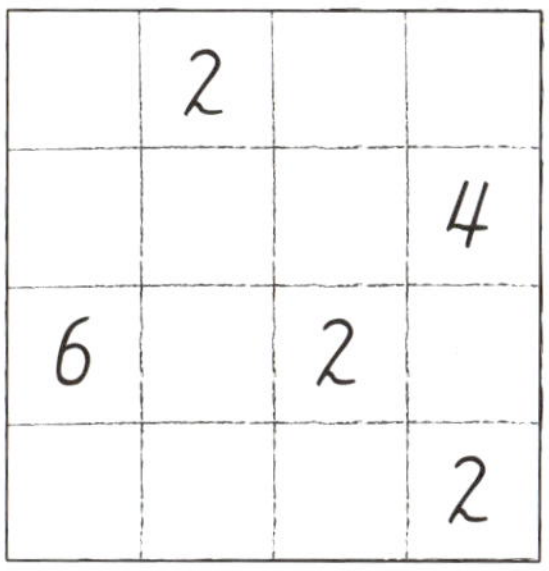

問題の作り方とアドバイス

数字の少ない四角が多いと問題が難しくなるので、6マスなど大きめの四角を入れておく。考えあぐねているようなら、「6マスの四角がどこに入るか考えるとわかりやすい」とヒントを出してあげて。慣れたら、ステップアップ問題にも挑戦。

1 タテ4列、ヨコ4列のマス目を描き、その中のマスを右図のように、適当にいくつかずつ囲う。

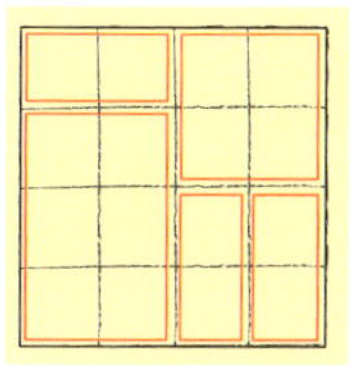

2 囲い終えたら、囲いのマスのいずれかに、右図のように、その囲いの中のマス目の数の数字を入れる。

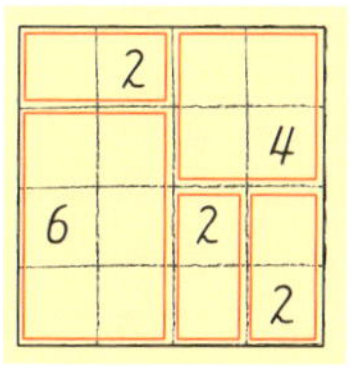

3 数字を入れ終わったら、別紙に4×4のマス目を描き、**2**で描いた数字を、同じ位置で入れて、問題の出来上がり。

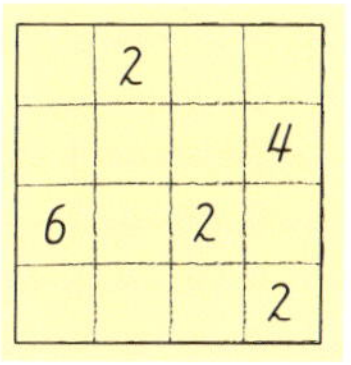

ステップアップ問題

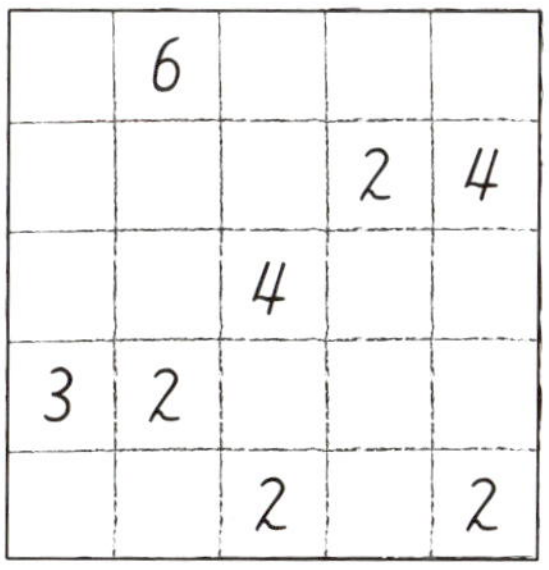

答え

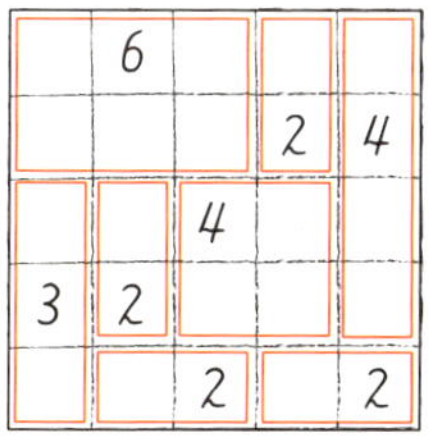

ゲーム3

ナンバーリンク → 詰める力

Q 丸の中にある数字は、その丸と隣りの丸を結ぶ線の本数を意味しています。

その数字（本数）にしたがって、それぞれの丸を結んでみましょう。

線を結ぶのは、タテ・ヨコ・ナナメの隣りの丸同士です。線と線が交わってはいけません。

3 3 1
2 5 5
3 4 2

問題の作り方とアドバイス

慣れないうちは、周りの丸のすべてに線が出る丸（下図では太線の丸）をいくつか設けたり、その丸の隣の丸から出る線を1本にする（下図では右上の丸から出た線）などして、問題が簡単に解けるようにしてあげて。慣れたら、4×4のステップアップ問題を。

1 ○をタテ3個、ヨコ3個並べ、○同士を適当に線でつなぐ

2 それぞれの○の中に、その○から出ている線の本数の数字を入れる。これが答えになる

3 **2**で描いた図から線をなくしたものを別紙に写すとできあがり

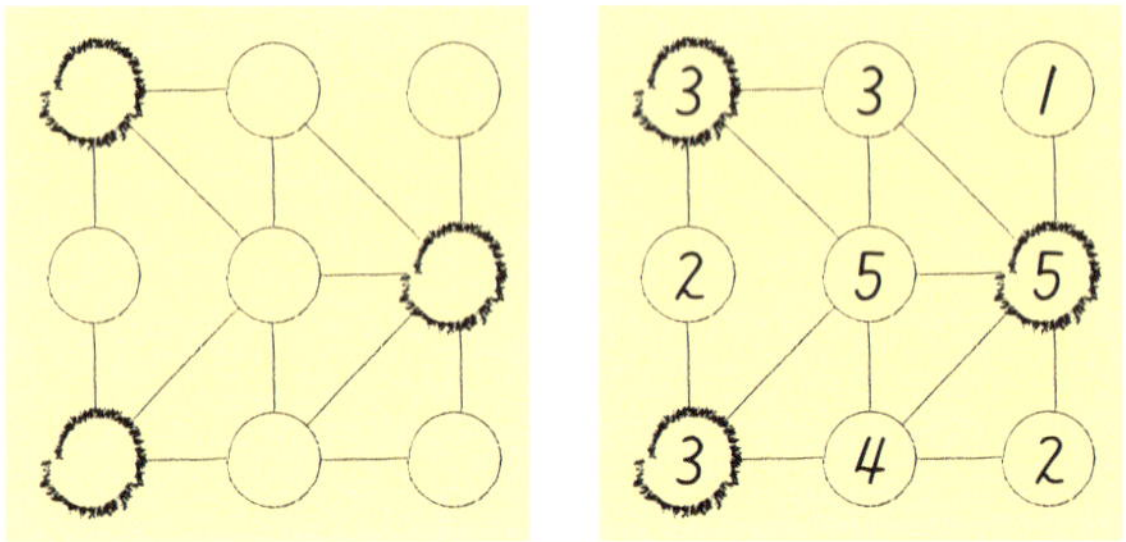

3 3 1
2 5 5
3 4 2

ステップアップ問題

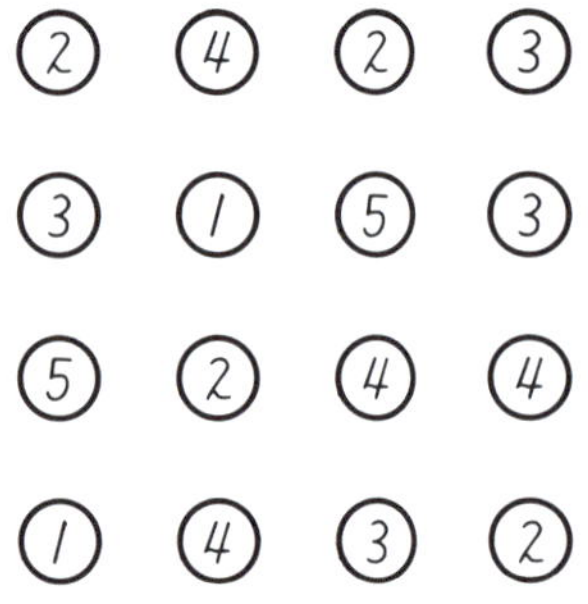

2 4 2 3
3 1 5 3
5 2 4 4
1 4 3 2

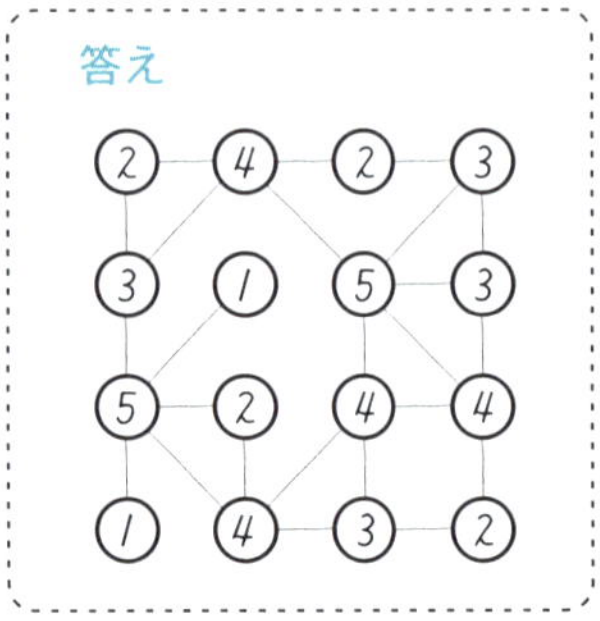

答え
2 4 2 3
3 1 5 3
5 2 4 4
1 4 3 2

ゲーム4

桂《けい》馬《ま》とび → 詰める力

Q スタート地点から、将棋の「桂馬」のようにとんで、ゴールまですべての馬のひづめの跡をたどってみよう。（「桂馬とび」が分からなければ、図で教えてあげましょう）

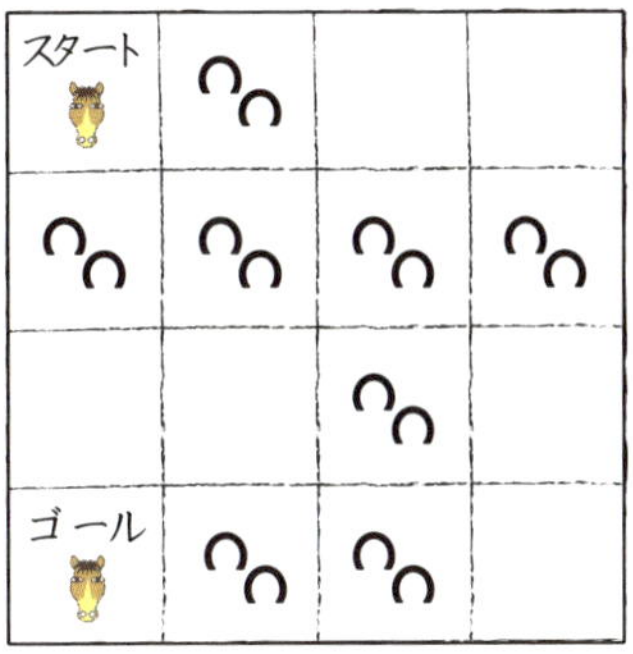

桂馬とびの例 前だけにとべる将棋と違い、前後左右1マス進んで、そのマスからさらに左か右の斜め前方のマスにとべる（計8カ所）。※1回とんだ場所にはとんでいけない。

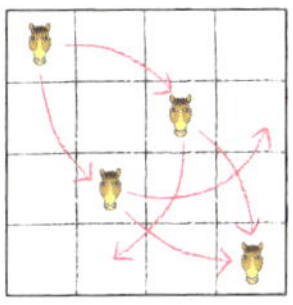

問題の作り方とアドバイス

最初のうちは、とび方の選択肢が複数にならないように、簡単な問題を作って（下の解説を参照）。慣れてきたら、複数の選択肢がある問題にしたり、5×5の「桂馬とび」にも挑戦。また、子どもにも問題づくりをさせると飽きずに楽しめる。

1

右図のように、スタート地点に1を入れ、その1から桂馬とびで順に数字を入れていく。その際、とばさせないマスには×印をつけ、通過しないマスにする

1			
		2	
	×		

2

1と同様に、とばさせないマスをつぶしながら数字を入れていく。×印が多いほど、問題はやさしくなる。

1			
		2	
×	×		
	3		×

3

桂馬とびができなくなるまで数字を入れたら、同じマスを別紙に描き、左の問題図のように1をスタート地点とし、最後のマスをゴールとする。それ以外の数字の入ったマスには馬のひづめマークを入れ、×印は空白にして、問題のできあがり。ひづめマークを入れずにスタートとゴールだけを書くと、いっきに難易度が上がる。

1	6	×	×
4	9	2	7
×	×	5	×
10	3	8	×

ステップアップ問題

答え

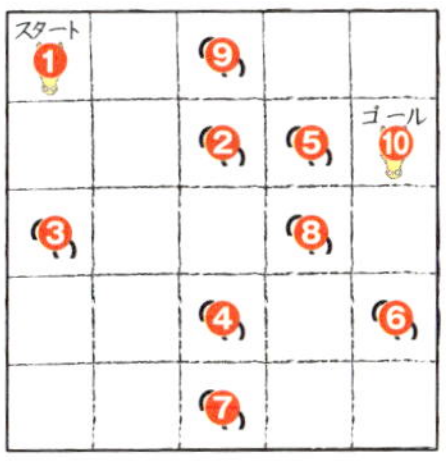

算数力がつく、簡単、安あがり！親子でパズルゲームはおススメ！

第2章
遊びながら楽しく鍛える算数力

5 算数のケアレスミス、どうやって克服する？

小学校に入ってテストが始まると、どの親でも頭を悩ませる、ケアレスミス。ガミガミ叱りつける前にぜひやってほしいことをご紹介します！

子どものテストの答案を見ると、ちょっとしたケアレスミスによる失点に気づくことがあります。「でも、次は大丈夫でしょ」と軽く考えるのは要注意。ケアレスミスは、その子の〝クセ〟や〝性格〟に関わることがあるからです。

一口にケアレスミスといっても、そのパターンはいろいろあります。代表的なのが、左の四つです。

ケアレスミスを見つけると、「どうしてこんな問題で間違えたの？」「ちゃんと見直さないからよ！」と責めてしまいがちですが、これは逆効果。

ミスした部分を責めずにモチベーションを上げる

有効なのは、ミスしたところを責める前に、できたところをほめてあげること。というのは、ケアレスミスが減らない原因の一つは、〝ミスしないこと〟に対する動機づけが低いから。満点でほめられた経験がたくさんある子は、次も満点を取りたい、という気持ちが強まり、粘り強く問題に取り組む姿勢が身につくのです。

なかなか深い問題です

ケアレスミスのよくある四つのパターン

一口にケアレスミスといっても、そのパターンはいろいろ。
小学生によくあるパターンは以下の四つです。

ガサツ型

字が汚くて自分で読み間違えてしまう

計算式などを雑に書いてしまうあまり、数字を自分で読み違えてしまうパターン。見守っていれば、本人が気づいて直すことが多いが、書こうと思えばきちんとした字も書けるということだけは、どこかで確認しておきたい。普段から読めないような字しか書けていない場合は、文字を正しく書く訓練を。

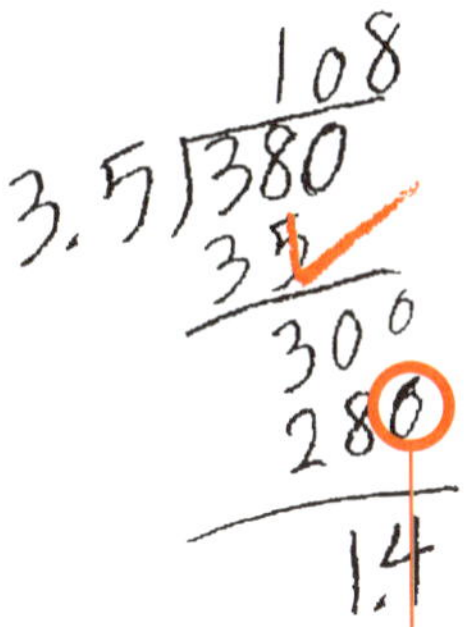

書き忘れ型

解答欄に単位などを書き忘れている

例 〈問題〉

68枚の画用紙を4人で同じ枚数ずつ分けました。1人何枚になりますか。

式）68÷4＝17　答え 17

ミス!　単位の「枚」を書き忘れている

文章題で「何メートルですか」「何人ですか」と単位も含めて問われているのに、答えの欄に単位を書き忘れてしまうパターン。解き方に悩んでいる間に、単位のことが抜けてしまうのが主な原因。また、割り算の文章題で「3人で分けると1人何個ずつで何個あまるでしょう」と「あまり」まで求められているのに、あまりを書き忘れてしまうケースなども。

見落とし型

繰り上がりの「1」などを見落としている

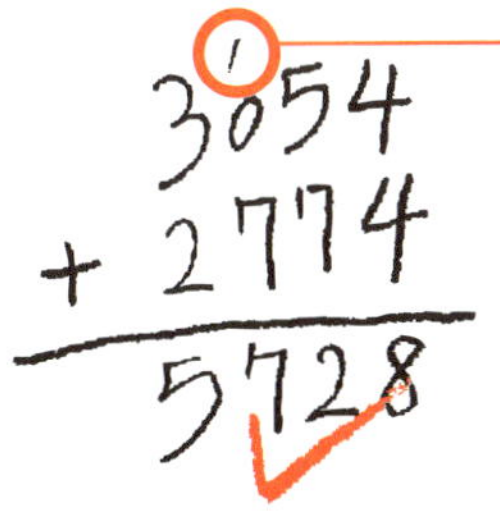

足し算や引き算などの筆算で、繰り上がりや繰り下がりの「1」など数字をメモしていても、それを見落として、計算してしまうミス。繰り上がり・繰り下がりの数字をどこに書くかが定着しておらず毎回違う位置に書いていたり、書き方が雑だったりすることが原因のことも。

読み飛ばし型

問題文の一部を読み飛ばしている

「2枚ずつ」の「ずつ」を読み飛ばしてしまったり、「記号で答えなさい」と書いてあるのに文字で答えたり、「お父さんの年齢は」とあるのを読み飛ばしてお母さんの年齢を答えてしまったり。また、問題文を目だけで追って、頭の中で勝手にストーリーを作ってしまっていることが多いのが、このパターン。問題文をしっかりと読む習慣がついていないほか、時間配分がわからないために、焦って読み飛ばしてしまっている場合もある。

公園《こうえん》にかたつむりさんたちが集《あつ》まっています。今日《きょう》は、みんなで落《お》ち葉《ば》を集《あつ》めるそうです。一人《ひとり》2枚《まい》ずつの落《お》ち葉《ば》を集《あつ》めると、みんなで何枚《なんまい》の落《お》ち葉《ば》を集《あつ》めることができるでしょうか。かたつむりさんはみんなで4人《にん》いますよ。

答え 6まい

「ずつ」を読み飛ばしている

ミス!

上手にほめるコツは、ただのべタほめでなく、「前は約分を忘れていたのに、今回はできてすごい！」と具体的な言葉でほめることです。

ケアレスミスの見極めや日常の振り返りも大事

次に具体的な対策です。まずは、その間違いが本当にケアレスミスなのか、理解不足によるものなのか見極める必要があります。

解き直しをさせながら、「この問題はどうして間違えたの？」と声をかけ、本人に説明させると簡単明瞭。間違えた理由をきちんと答えられなければ理解不足、「ここでこうして間違えちゃったんだよね」とわかっているならケアレスミスです。

テストでは、意識を集中するポイントを身につけることも大事です。代表的なのは、下で紹介する三つ。問題文の読み間違えや単位

テストの時には…

限られた時間で問題を解かなければならないテストは、いつもより焦ってしまいケアレスミスをしがち。間違いやすいところは、意識的に注意して取り組むこと。

問題文を読むときに線や丸をつける

求められているもの……○で囲む
条件……〰〰線を引く

文章題の条件を読み落とすようなミスには、問題文に印をつけるのが効果的。下の例のように、求められているものを丸で囲み、答えを出す上での条件に波線を引く、と決めておけば、「何が求められていて条件は何か」ということに意識を集中して問題文を読める。

問題　ある教室の広さは45㎡で、長方形の形をしています。この教室のたての長さは7mです。横の長さはおよそ何mですか。
四捨五入して、上から2けたのがい数で求めましょう。

式を立てる前に、先に単位を書いておく

単位は解き方に頭を悩ませているうちに忘れてしまうことが多いので、思い切って、式を立てるより先に答えの欄に単位を書く習慣をつけるといい。なお家庭で学習する際は、「求める答えの単位はヘクタールです」などと、声に出して言わせるのもおすすめ。

問題　たて600m、横800mの長方形の畑の面積は何haですか。

式）

答え　　　ha

ケアレスミス対策の流れ

理解不足かケアレスミスかを見分ける

↓

ケアレスミスの原因を親子で分析

↓

「家庭学習やテストで気をつけるポイント」を決めて、次の課題にする

具体的な改善策に移る前に、ミスの傾向や原因を分析するのが先決。まずはその間違いが理解不足によるものかケアレスミスかを見分け、原因を洗い出してみよう。その上で今後どこに気をつけてどんな対策をするか、課題を決めるとよい。１回のテストでは、課題は１～２個に絞るのも大切。

の書き忘れ、筆算の位取りの間違えなどはよくあるケアレスミスですが、これらははじめから意識しておくことでミスを防ぐことができます。テスト後には必ず復習して、できているようだったら、やはりほめてあげましょう。

また、ケアレスミスは、集中力がなかったり、なにかと行動が雑だったり、性格によるものもあります。それを直すには、日常生活のちょっとしたことを見直してみましょう。

例えば、下にあげる四つのことのように、手伝いでも何でも〝きちんと〟〝丁寧に〟やらせることがポイント。

また、問題に向き合う集中力をつけるという意味では、習い事や迷路などの遊びも効果的です。習い事は、書道や剣道といった「型」にのっとって集中を高めていくようなものや、ピアノなどの楽器類もおススメです。

日常生活では…

雑な性格や集中力のなさからくる
ケアレスミスもあります。「仕方がない」
とあきらめないで日常生活の見直しを！

洗濯物をまっすぐたたむ

洗濯物をたたむ手伝いは、端と端をそろえて「きちんと」たたむことを課題に。皿洗いや風呂そうじでも、汚れや泡が「きちんと」落ちるように洗うことに意識を向けさせることで、勉強でも集中して詰める意識がつく。しっかりできたときや、以前よりよくなったときは、具体的な言葉でほめてあげて。

物を人に手渡すときは丁寧に扱う

ケアレスミスをしがちな子は、日常生活でも雑な行動が当たり前になっている可能性がある。そのため、どんな物も丁寧に扱うように声かけを。学校でも、プリントなどを後ろの人に回すときにはそろえてきちんと手渡すなど、丁寧な行動を心がけることが、問題に向き合う姿勢にもつながってくる。

迷路やパズルに挑戦する

低学年くらいまでなら、集中力アップには迷路がおすすめ。「迷路をたどる鉛筆の線が、壁にあたったらアウト」というルールも加えると、さらに集中できる。ただし、イヤイヤやっては逆効果。パズルなどもおすすめだが、最初は簡単にできるものから。集中力の続く３分間くらいで出来上がるものがいい。

熱中できる習い事や趣味をもつ

スポーツでも芸術活動でも何でもいいので、子どもが熱中できるものを一つ持つことは、集中力アップに効果的。集中力はもちろん、「やるべきことをやる」という姿勢も養われる。今すぐみつからなくても、生活の中で自然と見つかったり、小中学校の部活で出合ったりすることもある。

筆算の位取りは縦をそろえる

「できる」と思う問題ほど、計算式が雑になる子は多いもの。例えば小数の割り算で筆算が徐々に斜めにズレていってしまうと、あまりの小数点を打つときに位がずれていて位置を間違えてしまうことがある。縦のラインをそろえて丁寧に書くことを意識づけておこう。

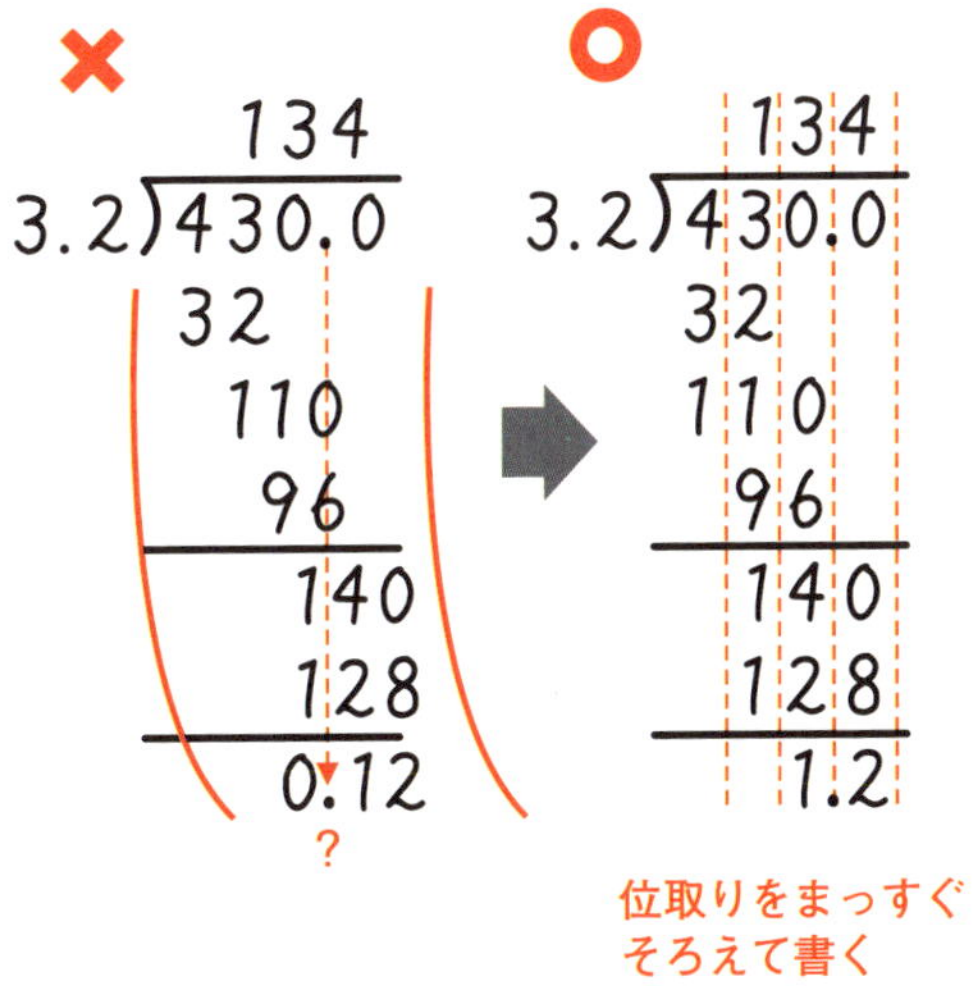

たかがケアレスミスと思うなかれ。子どもの性格やクセが影響している場合も！

先生の言葉で一念発起。とくに算数の面白さにハマる

転機が訪れたのは、小学3年生のとき。算数のテストで、マス目が複雑に描かれた図形の中から、大小合わせて長方形はいくつあるかという問題が出た。見落としそうなものはあったが、ちゃんと見えたぞ！　という手応えを感じたテストの点数は、なんと満点！　さらに、担任の先生は「この問題ができたのは、高濱君だけだったよ」とみんなの前で言ってくれた。そのときの高揚感は、今でも忘れられない。

自信をつけた私は、その日を境に、「目立たなかった子」から「人を笑わせるのが得意な子」に変貌した。

ところが、小学5年生のとき、ある日突然クラスの全員から、幼い頃からのコンプレックスだった頭の大きさをからかわれるようになった。毎朝私が教室の戸を開けると、「でこっぱち！」の大合唱。そんな日がしばらく続き、もう死んでしまいたい！　とも考えた。

元気がない私の様子を見て、母は何かを感じたのだろう。ある日、私をそっと呼んで、「お母さんはね、あんたが元気ならよかとよ」と言って、ぎゅっと抱き寄せてくれた。

それからもいじめはしばらく続いていたけれど、学校で傷つき、家で癒されるという生活を繰り返すうちに心が強くなってきた。そして、ある日、私は児童会の副会長に立候補し、演説の席で思い切って言ってみた。「ボクが頭のでっかい高濱正伸です！」

会場は大爆笑。でも、その日からいじめはピタッとなくなった。自分で壁を乗り越えた瞬間だった。

初恋は中学生のとき。といっても片思いだった。卒業を目前にして、後悔したくないという気持ちが強くなって、高校進学のために別の町へ行く朝に告白した。何の反応もなかったけれど、自分の思いを伝えられたことで、すっきりしたっけ。

中学時代、先生の許可を得て徹夜で学園祭の準備をしている私（左）。隣に写っている友人が、大人になってから、「高濱君と写っているこの写真、大事に持っていたんだよ」とわざわざ持ってきてくれた。中学時代の唯一残っている写真。

{第3章}

読書だけじゃない！
国語力の伸ばし方

{第3章}
読書だけじゃない！国語力の伸ばし方

1 苦手にしないほうがいい！国語力は全教科の土台に

あらゆる教科につながっている国語。それを伸ばすも伸ばさないのも、親子のコミュニケーションがカギを握ります。

「国語はすべての教科の土台になる」という話は、これまで親御さんたちも一度や二度は聞いたことがあるでしょう。「でも、それって本当？　だって、国語と算数はまったく違う教科でしょ？」と半信半疑な人もいるかもしれませんが、答えは〝本当〟。

　前の章では、算数に必要な力について述べてきましたが、算数の文章題でつまずいてしまう子の中には、文章そのものを正しく読み取れないために問題が解けない子がけっこういるのです。

　図が描けないとか、式が立てられないとかいう算数的な課題以前に、日本語で書かれた問題そのものがわからない。こうした国語力の不足は、あらゆる教科の学習にも影響を与えます。英語を学ぶとしても、母国語で学ぶわけですから、日本語があやふやでは習得できません。つまり、国語力は全教科の土台になるのです。

　文章が読めない理由のひとつに、語彙《ごい》力の乏しさがあげられます。たとえば、算数の問題で、「飛び石があります」と書いてあると、「飛び石」がどんなものかがわからないため、問題を解くことができなくなってしまう子がいます。

　これがもし、その言葉を知っていたら、少なくとも飛び石の絵を頭に描ける。つまり、言葉を知っていると、イメージを広げることができるのです。

受験・恋愛・仕事……国語は生きる力の土台

　国語力が問われるのはテストばかりではありません。国語力は、言い換えるなら〝言葉の力〟。

国語力のある・なしは一生ついてくる！

国語力はすべての教科の土台であると同時に、生きるために必要な力を養います。
進学も就職も恋愛も、すべては国語力にかかってくるのです。

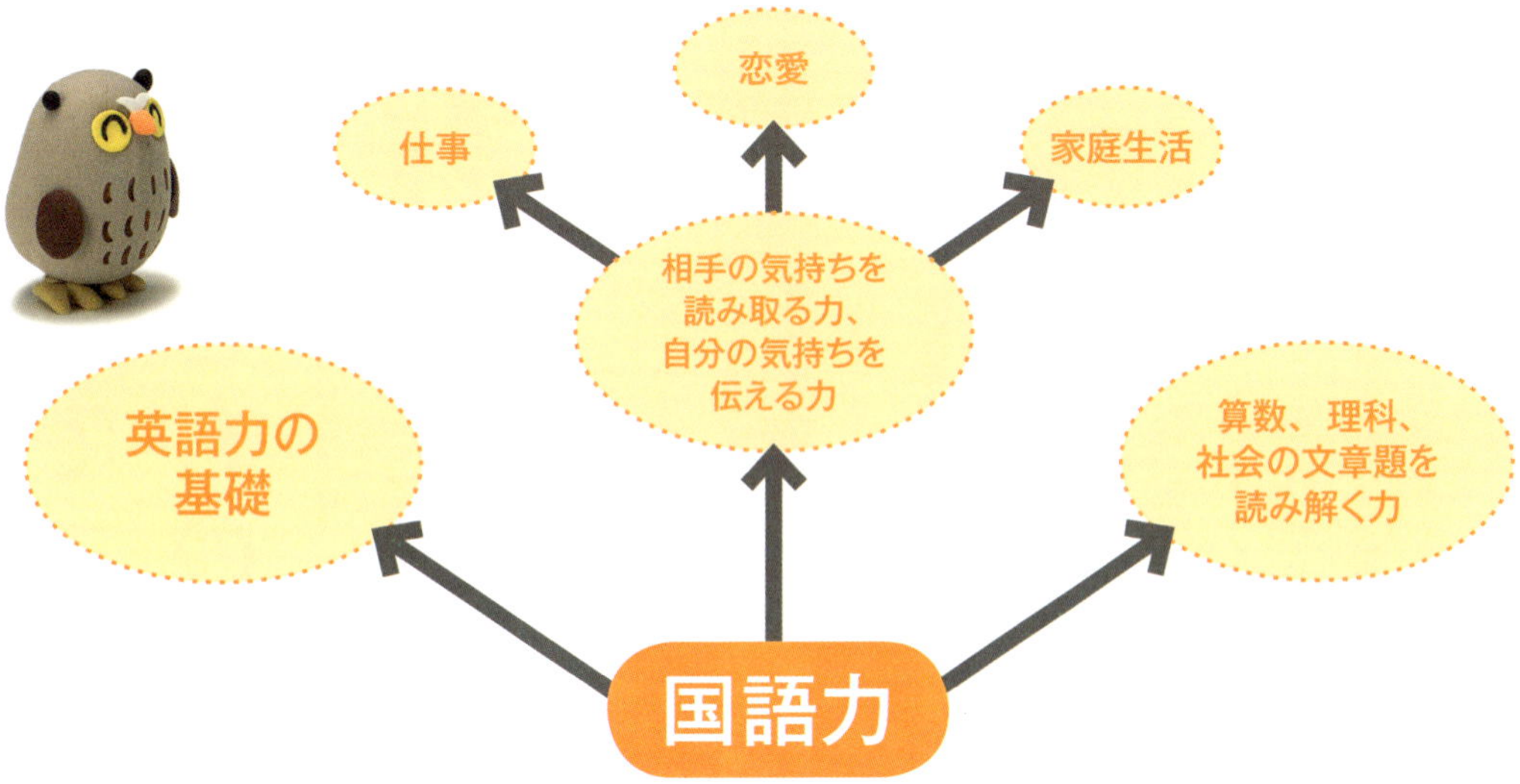
恋愛
仕事
家庭生活
相手の気持ちを読み取る力、自分の気持ちを伝える力
英語力の基礎
算数、理科、社会の文章題を読み解く力
国語力

この力は世の中に出てから、さらに大事なものになります。私たちは、社会で生きていく中で、あらゆる場面において自己表現をしなければなりません。就職活動や仕事はもちろん、恋愛でも自分の気持ちをきちんと言葉にし、ときには相手の心をグッとつかむようなアピール力がなければ、振り向いてもらえないのです。

　言葉でのコミュニケーション能力で、強力な武器となるのが、比喩表現です。比喩をうまく使っている人の話はわかりやすく、相手にもいきいきと伝わります。これは、作文も同じですね。

国語力を伸ばすのは親子のコミュニケーション

　では、この〝言葉の力〟は、どうやって育むことができるのか？　そのカギを握っているのは、ふだんの家庭環境にあるのです。

　例えば、私が教えている子どもたちに、「お父さんとお母さんは（どちらかでも）本をよく読む人ですか？」「辞書をよく引く人ですか？」という質問をしてみると、「よく読む」「よく引く」と答えた子どもは、やはり国語力も高いのです。

　子どもにいくら「本を読みなさい」「辞書を引きなさい」と言っても、結局親がやっていなければ子どもにもその習慣は付かないということです。

　また、国語の長文問題では、よく主人公の気持ちが問われますが、「きれいな夕日ね」と自然に感動したり、「つらかったね。でも、よく頑張ったね」と相手の気持ちを思いやる言葉を口に出せる親の子は、日常生活の中で「感じる心」を育むことができます。

　この「感じる心」を育むことは、国語のテストだけではなく、子どもの人生にとって大事であることは言うまでもありません。

**国語力を伸ばすカギは家庭環境。
国語ができる人は人生が豊かになる！**

2 家庭でできる子どもの読解力のつけ方

読解力をつけるには、「イメージ力」と「精読力」が必要です。これらの力を伸ばすのも、やはり家庭。外遊びや親子の会話で身につけることができます。

読解力とは、文章を読んで、それをイメージとして思い浮かべられる力のこと。これは、「思い浮かべなさい！」と言われて思い浮かべられるものではありません。

このイメージ力を育てるのは、ズバリ経験と体験。なかでも、子ども同士の外遊びほど、ぴったりなものはありません。季節や時間ごとにさまざまな表情を見せる自然は、子どもの五感を刺激します。また、人と人が一緒に過ごすことによって、けんかをして悲しい気持ちになったり、仲直りしてうれしい気持ちを味わったりすることも大事。これらの経験から、目に見えない情景や人の心を想像できるようになるのです。

子どもは、親の言葉で語彙力を身につける

読解力には、もう一つ必要な力があります。それは、一字一句読み落とさないで、きっちりと読み取る力＝精読力です（52ページ参照）。精読力には、絶対に手を抜かずに読むための集中力と、要するにこの文章はこういうことを言いたいんだということを正確に理解する要約力が必要になります。これらの力は自然と身につくものではなく、訓練をしていかなければなりません。

精読力を鍛えるには、正しい言葉の使い方や意味を知ることが大事。それを育てるのも、やはり家庭。たとえば、親子の会話で、子どもが間違った言葉の使い方をしたとします。そういうとき、親は軽く流さず、正しい言い方を教えてあげること。

また、子どもが「どうして？」と疑問をなげかけてきたときは、きちんと答えてあげるようにしましょう。もし、答えられなければ、一緒に辞書を引いて調べてみるのはとてもいい習慣です。

要約力を鍛えるには、子どもにたくさん質問をし、答えさせることです。また、本を読んだら、あらすじを聞いてみるのも効果的。短く要約できるというのは、問題文を正確に素早く読み取ることにつながります。こうした親子の会話を通じて、読解力は伸ばしていけるのです。

こんな行動や習慣が読解力を育む！

読解力に必要なのは、イメージ力と精読力。
この二つの力を育てるのは、さまざまな経験と親子のコミュニケーションです。

1 外遊びや家族旅行で「感じる心」を育む

国語のテストで問われる物語の情景や人の気持ちは、さまざまな体験や経験を積むことで、理解できるようになる。それを育むには、子ども同士の外遊びが一番。外遊びは自然を体感する絶好の機会であると同時に、友達と遊ぶ中で、さまざまな感情を味わうことができる。いろいろな体験をするという点では、家族旅行もおすすめ。できるだけ自然に触れさせたり、大きくなったら博物館や美術館めぐりもいい。経験があってこそ、文字の中の見えない描写をイメージできるようになる。

2 子どもの疑問にきちんと答える

相手の言うことをしっかり聞いて理解したい、わからないと気がすまない、という気持ちは、問題の文章全体を一字一句読み取ろうという精神、精読力につながる。この精読力を伸ばすには、子どもの「どうして？」に親が真剣につき合うこと。子どもが疑問を投げかけてきたら、親は必ず答える習慣をつけたい。もし、その答えがわからなかったら、一緒に辞書で調べるなどし、わからないままにしておかないこと。こうした習慣がついている家庭の子は、精読力が伸びる。

3 感じたことをきちんと言葉で伝える

国語のテストでは常に感情表現が問われる。けれども、たとえば、主人公が「美しい夕日を見て、涙を流した」という場面があっても、「感じる心」の乏しい子はピンと来ない。なぜなら、子どもはそこにあるものを、“ただそういうものだ”と思って見ているから。「感じる心」を育てるには、親が「今日の夕日は燃えるように赤いね」などと、感じたことをきちんと言葉で表現してあげること。感じた言葉を結びつけることで、「感じる心」が育まれる。

4 本を読んだら、あらすじを聞く

精読力には、この文章にはこういうことが書かれているのだと要約する力が求められる。この力を伸ばすには、相手にわかりやすく伝える訓練をする必要がある。対策として効果的なのが、本を読んだらあらすじを聞いてみること。ノートに2、3行でまとめてみる「読書日記」をつけさせるのもいい。本だけでなく、人の話を聞いたときの報告でも同じ。本を読んでも、映画を観ても、先生の話を聞いても、短く要約できるというのは、問題文を正確に素早く読み取ることにつながる。

子どもが疑問をなげかけてきたとき、「あとでね」と軽く受け流していませんか？

{第3章}

読書だけじゃない！
国語力の伸ばし方

3

意外な効果がたくさん！漢字の書き取り練習

漢字はすべての教科の土台の土台です。だからこそ、手を抜いてはいけません。毎日の家庭学習で、きちんと身につけましょう。

国語の宿題の定番といえば、漢字練習。「漢字ぐらいさっさとやっちゃいなさい」と子どもにハッパをかけてやらせる光景はどこの家でもありそうです。

でも漢字って意外に大事なんです。たとえば、文章の中で、わからない漢字が一つ出てきたとします。すると、全体がぼやけてしまい、何を言いたい文章なのか読み取れないときがあります。逆に言葉そのものはわからなくても、漢字を知っていれば、どんな意味を表す言葉なのか想像することができます。

つまり、漢字を知っていることは、勉強に絶対的に有利なのです。

漢字学習は家庭学習の勝負どころ。

漢字練習は、一文字を10回、20回書くなど、地味な学習です。嫌いなお子さんも多いことでしょう。実は私も大嫌いでした。

けれども、漢字だけは、泣こうが、わめこうがやらせてください。もし、子どもが「今日はなんか具合が悪い……」と言ってきたら、「じゃあ、漢字だけやりなさい」と、やさしく言ってあげましょう。「具合が悪いのに、やらせるの？」と驚かれる親御さんもいるかもしれませんが、それほど漢字は重要なのです。

その効果は、今すぐには出ないかもしれませんが、あとあと必ず生きてきます。ですから、どんなことがあっても、「漢字練習だけは例外を認めないよ」と、親が毅然とした態度を取り、習慣づけることが大事です。

漢字学習は家庭学習の勝負どこ

ろです。漢字が読めない子、書けない子は、あらゆる教科で伸び悩みます。そうなると、苦労するのはお子さんです。ここは、かわいいわが子の将来を考えて、心を鬼にしましょう。ただし、親がカッカしてやらせるのは、逆効果。何も言わなくても、一人で取り組めるようになるのが理想ですが、低学年のうちは、子どものそばで見てあげるのもいいでしょう。

漢字練習は頑張った分だけ実になる

漢字練習には、漢字を習得する以外にも、いいところがあります。それは、頑張ってやれば着実にできるようになる、ということを子ども自身が体験できることです。

漢字の習得は、地道な書き取りなしでは、効果は現れません。けれども、地道に努力をすれば、必ず習得することができます。できるようになればうれしいし、だからこそ頑張り続ける。これこそが、勉強の基本姿勢なのです。これを体験したことがない子は、勉強はつまらないもの、嫌いなものとしか思えません。

子どもは誰だって、勉強よりも遊びの方が好きです。でも、今の世の中、勉強をしないで遊んでばかりいては、メシは食ってはいけません。自分が将来やりたいことを実現するには、頑張って勉強をすることは絶対に必要です。そのためには忍耐が必要であることを知るにも、漢字練習はもってこいなのです。

やらせ方のコツとしては、あまりガミガミ言うのではなく、「やれば絶対できるようになるよ」ということを言い続け、たとえ漢字の小テストでもいい点数をとってきたらほめてあげて、頑張りを認めてあげること。子どもはお母さんの喜ぶ顔が見たくて頑張っちゃうものなのです。

やった分だけ効果が現れ
「生きる力」も育む

漢字書き取り練習のいいところ

忍耐力がつく

人生は自分の思い通りにいかないことがたくさんあり、ときとして我慢してもやらなければいけないことがあることを子どもに教えることができる。

頑張りがすぐ結果に出る

漢字練習は、ほかの学習に比べて比較的早く効果が出るため、自分の頑張りを実感しやすい。この体験が「自分はやればできる！」という自己肯定感を育てる。

勉強全体のモチベーションアップ

嫌いなことでも頑張ってやればできるようになるし、できるようになれば自信がつく。このプラスのサイクルが、学習意欲を上げる。

漢字練習をさせることは、わが子の将来を考えた、親の愛情だ

第3章
読書だけじゃない！国語力の伸ばし方

4

強制するのはバツ！読書と作文が好きになる法

国語力を伸ばすのに読書と作文は欠かせません。だからといって、強制するのは逆効果。まずは「好き」という気持ちを育ててあげましょう。

「子どもに本をもっと読ませたい」という声を親御さんからよく聞きますが、子どもが本好きになるケースは、大きく三つのパターンがあります。

まず一つが、幼児期の絵本の読み聞かせが成功し、本が好きになるケース。これは、お話好きの女の子はまる可能性が高いのですが、男の子はそうとも限りません。

二つ目は、親のどちらかが本の虫という場合です。子どもは親の姿を見て育ちます。親が本を楽しそうに読んでいれば、子どもにも「本を読みたい」という気持ちが芽生え、自然と本好きになります。

三つ目は、思春期にさしかかった頃、さまざまな悩みや疑問を解決してくれる本に出会ったとき。実は私もこのパターンで本に目覚めました。つまり、ここで言いたいのは、親がよかれとすすめても、本を好きになるきっかけは、人それぞれということです。

読書さえすれば国語力は伸びる、は間違い

「読書をする子は国語力がある」とよく言われますが、それはおおむね間違ってはいません。ただ、本は読んでいるけれど、文章題は苦手な子がいるのも事実です。なぜかと言うと、読書には、漫然と読む〝漫読〟と、しっかり緻密に読む〝精読〟の二通りの読み方があるからです。

さらさらっと読み飛ばす〝漫読〟がクセになっている子は、文章題でも文字を読み飛ばしがち。短い文章を音読するなどして、一字一字文字を追っていく〝精読〟

読書には2種類ある！

読書

精読

文章を楽しく読むというよりは、仕事や義務に近く、文章の中の一字一句を「絶対に読み落とさないぞ！」と、強い意志を持ち、最大限の集中力を発揮して読むこと。精読力は、音読することで鍛えられる。

漫読

文章を楽しく読んだり、情景や人の気持ちをイメージしたりしながら、自分なりに解釈して読むこと。そのため、「この本はこういうことが書かれているものだ」と正確な答えを出す必要はない。ふつうの読書はこちらに近い。

感動する本に出会いたい

作文力アップのために、親はどう関わるべき？

子どもの作文力を伸ばすのも、伸ばさないのも、親の行動次第。
子どもの発達段階を踏まえて、適切な働きかけをしてあげて！

してほしいこと ○

好きなように書かせる

低学年のうちは、とにかく好きなように書かせる。書きたいことを書くことが作文であることを伝えてあげれば、作文が好きな子になる。

口頭で引き出す

「書くことがない」という子には、会話を通じて引き出してあげるといい。特にそのとき、自分はどんな気持ちだったかを聞いてあげよう。

正しい言葉を教える

人に読ませることが目的である作文は、正しい言葉で書くことも大事。そのためには、日頃から、家庭で正しい会話を心がけること。

豊かな会話をする

さらに、魅力的な作文を書くには、擬態語や比喩などの表現法を取り入れると効果的。日常会話でも豊かな比喩表現を使いたいもの。

日記を書かせる

作文上達の第一歩は書き慣れること。それには、１日に数行でもいいから日記を書かせるといい。自分の気持ちと向き合えるようにもなる。

してほしくないこと ×

内容に文句を言わない

低学年の子どもは、自分の興味があることしか書けず、何度も同じことを書くが、この時期は「書くことは楽しい」と思わせることが大事。

親が言葉を先取りしない

筆が進まない子どもに、口頭で引き出すのはいいが、「あのとき、ああしたじゃない」「それから……」と子どもの言葉を先取りするのはバツ。

人と比較しない

作文力は読書の量やいろいろな体験をすることによって伸びる。小学生のうちは、子どもの発達や男女差もあるので人と比較しないこと。

負の気持ちを否定しない

作文を書く目的は、自分の気持ちに向き合うこと。「○○はつまらなかった」といったネガティブな内容でも、子どもの気持ちを大事にする。

大人の尺度で評価しない

大人から見たよい作文を要求してしまうと、「いい作文」を書くことがよいことと思い、自分の気持ちを自分の言葉で表現できなくなる。

経験も大事にしたいですね。

作文は親の目を気にせずのびのびと書かせたい

また、作文も子どもの好き・嫌いが大きく分かれる分野です。

よく作文を書くときに、親は「好きなことを書いてごらん」と言いますが、いざ子どもが書いてみると、「もっとおもしろいことがあったでしょう？」と内容にケチをつけたり、ダメ出しをしたりします。すると、子どもは「作文なんてつまらない」と感じ、嫌いになってしまうことが多いのです。

そもそも作文は、自分の感じたことを言葉に表すためのもの。親の目を気にして書いた文章がいい文章になるはずがありません。そこで親が気をつけたいことを上にあげてみましたので、参考にしてみてください。

読書も作文も好きにさせるためには、親の無理強いは禁物です。

親が言えば言うほどやりたくなくなるのが、読書と作文

{第3章}

読書だけじゃない！
国語力の伸ばし方

5

新聞を使って考える力をつけよう！

新聞には、国語の勉強に使える要素がたくさんあります。「要約力アップノート」と「問題意識ノート」で、国語力を伸ばしましょう。

子どもの国語力を伸ばすのは、本や学習用の教材だけとは限りません。

高校・大学の国語や小論文に多く引用されていることからもわかるとおり、新聞には、良質な文章が掲載されています。また、政治、スポーツ、科学など、さまざまなジャンルを取り上げており、語彙も豊富です。

そして何より、今、社会で何が起きているかがわかります。家庭で新聞記事を題材にしながら、意見を交わすことは、子どもの思考力や表現力を高めるのにとてもよい教材なのです。

世の中に関心を持ち自分の考えを持つ

具体的な学習法としてやってみたいのが左に紹介しているノートづくり。中学受験を考えている子にはとくにおすすめです。

国語の問題を解くには、まずそこで「何が問われているか」を理解することが必須です。それには、書かれている文章を要約する力が求められます。要約する記事は、子どもに選ばせましょう。大人がいいと思うものを「与える」のではなく、子どもが自分の興味・関心のある記事を「選ぶ」ことで主体性が養われるからです。

一方、問題意識ノートで取り上げる記事は、親が選んであげるといいでしょう。今の子どもは、社会的な事柄への関心が薄いと言われています。けれども、親がわかりやすく説明しながら、本音の意見をぶつけてあげれば、子どもは社会を身近に感じ、自分の考えを持つようになるでしょう。

新聞、とってますか？

新聞を使ったおススメノート

新聞には国語力を伸ばすさまざまな要素があります。
世の中に関心を持つことで、知識を広げ、自分で考える力を養います。

要約力アップノート

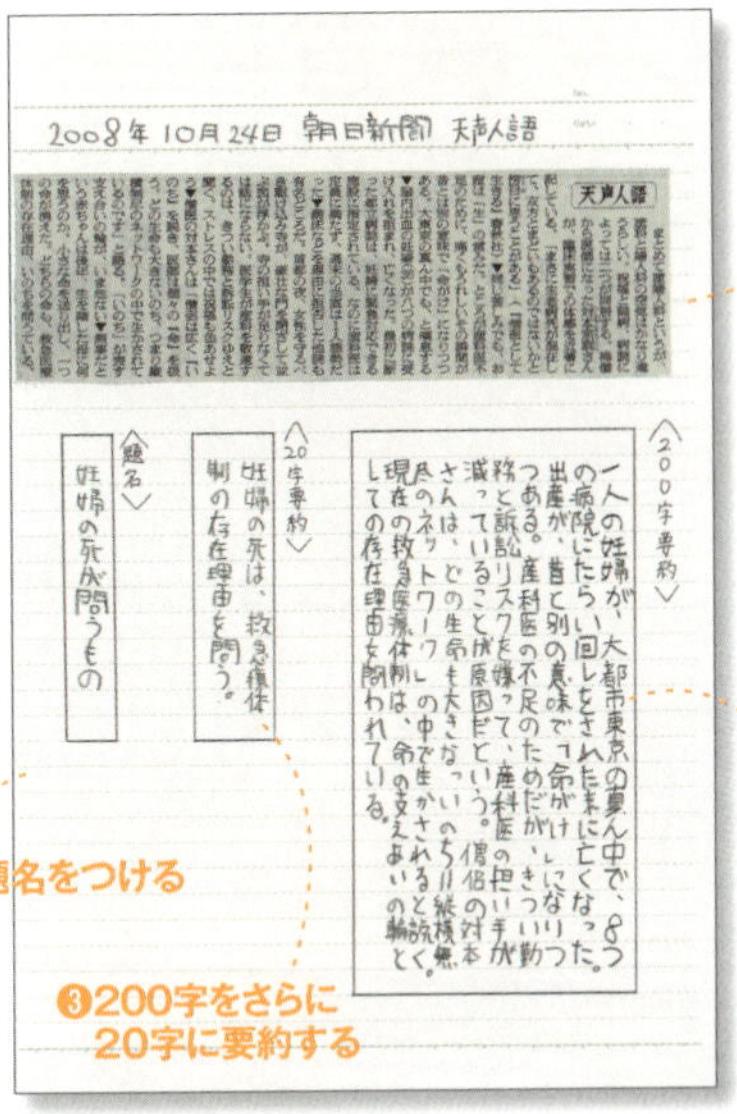

❶選んだ記事を貼り付ける

❷記事を200字に要約する

❸200字をさらに20字に要約する

❹題名をつける

ポイント

- 記事は、子ども自身が興味を引かれたものであれば、何を選んでもいい。記事によっては要約の文字数を100～150字など調節する
- 5W1H（だれが、いつ、どこで、なにを、なぜ、どうした）を見つければ、まとめやすくなる
- 知らなかった言葉は国語辞典などで調べて、別のノートに書き出してもいい
- 親または先生に必ず見せ、チェックしてもらう
- 記事を取り上げた理由も書くとさらにいい
- 同じく、記事の感想文を書いてもいい。その際、批判的な視点に立つか、賛成の視点に立つかを明確にして、ディベート形式にすると意見が深まる

問題意識ノート

ポイント

- 記事は親や先生など大人が選ぶ。記事が大きい場合は、貼り付けて折りたたんでもいいし、縮小コピーしてもいい
- 客観的な事実だけの記事より、意見まで出ている記事のほうがやりやすい
- 知らなかった言葉は国語辞典などで調べて、別のノートに書き出してもいい
- 大人の意見は、なるべく断言してしまうほうがいい

❶テーマに取り上げた記事を貼り付ける

❷親や先生の読み方、意見を聞いてまとめる

❸自分の意見を書く

新聞記事をネタに親子で議論できれば、なんて素敵なことだろう！

野球漬けだった高校時代。厳しい練習に燃えに燃えた

中学時代の私は、勉強ができたし、生徒会長で優等生だった。でも、先生たちが望む子を演じていただけで、自分では全然イケてないと思っていた。このままではつまらない人生になると思ったから、高校では野球部に入るぞ！と心に決めていた。

　進学した高校は熊本高校という進学校だったが、そこの野球部は、母の知り合いのおばちゃんたちから「あそこは不良の集まりよ」と言われていた。でも、『キャプテン』という漫画の影響でド根性に憧れていた私は、ものすごくきつい練習をしている野球部が輝いて見えた。「俺もあんなふうに鍛えられたい……」。

　ところが、現実は甘くなかった。とくに1年生の練習は死ぬほど苦しかった。水を飲んではいけないという無茶な時代だったし、気を失いそうになっても「もう1周走ってこい！」と言われるほど。何度も辞めようと思った。

　でも、つらい練習の後、水飲み場で、先輩たちと話をするのが楽しかったから、家に帰るとその気持ちはいつもどこかへ飛んでしまっていた。先輩たちは、練習では厳しかったけれど、いろいろなことを教えてくれた。教えてくれたのは、野球のことだけじゃなかった。あるときなんか、「ナンパっていうのは、こうやってやるんだぞ」と、本当にその場でやってみせてくれたりもした。

　そのうちに体力がつき、レフトのポジションを手に入れた。すると、女子からモテるようになり、同級生から告白されたり、近くの女子校の生徒からプレゼントをもらったりするようになった。

　ところが、高3の夏、同級生の女の子と付き合いはじめると、もう受験どころではなくなった。高校入学時には上位だった成績は、卒業のときは500人中、ほぼ500番近くまで落ちた。理由ははっきりしている。勉強をしなかったからだ。

かなりホッソリしていた高校時代。あの頃の練習が今の体力につながっていると思う。

{第4章}

意外に知られていない
ノートのとり方

第4章
意外に知られていないノートのとり方

1 良いノート、悪いノートの違いは？

誰もが使っているのに、基本を教えられないノートのとり方。単純なようで、実は奥深いノートのとり方について解説していきます。

授業中、子どもたち皆がやることといえば、ノートをとること。しかし、ノートのとり方自体をきちんと教わることは、あまりないのではないでしょうか？

今まで、塾での学習指導を通して、たくさんの子どものノートを見てきましたが、ノートとりの意味を理解していない子がとても多いことに気づきました。

親御さんも、子どものノートを見てもどこをチェックすべきかわからない。だから、「ノートはもっときれいに書かなきゃダメよ」とか、「黒板に書かれたこと、ちゃんと書いてる？」というような言葉かけで終わってしまいがちです。

きれいに書くのがノートの目的ではない

ノートのとり方の良し悪しは、見た目がきれいか、汚いか、で判断できるものではありません。私もたくさんの小学生を指導してきて、ノートがきれいな子が必ずしも学力が伸びる子ではないことを実感しています。むしろ、こんなにきれいにノートをとっているのに、どうしてちっとも成績が上がらないのだろう、と不思議に思う子がときどきいます。

その理由をさぐっていくと、「お母さんのためのノートづくり」にいそしんでしまっていることが多いようです。つまり、「きれいに書いていればお母さんに叱られない」といった感覚です。

もちろん、汚すぎて自分でも何が書いてあるかわからないようなノートもいけませんが、まずは、ノートは何のためにとるのか、ということをしっかり子どもに認識させなければなりません。

何のためのノートか――それはもちろん、自分の理解のためです。低学年にはまだ難しいかもしれませんが、中・高学年になってそこがわかってくれば、自然とマーカーを使ったり、ポイントを線で囲ったりといった工夫ができるようになってくるでしょう。

ここでは、良いノートと悪いノートの例をひとつずつ挙げてみました。ふたつを比べながら、良いノートとはどんなノートなのかを考えていきましょう。

良いノート、悪いノートの例

下の二つのノートはいずれも
小学五年生が書いたノートです。算数の問題を解くために使った、
いわゆる「演習ノート」ですが、
どちらのノートが良いノートだと思いますか?

たいへんよいです

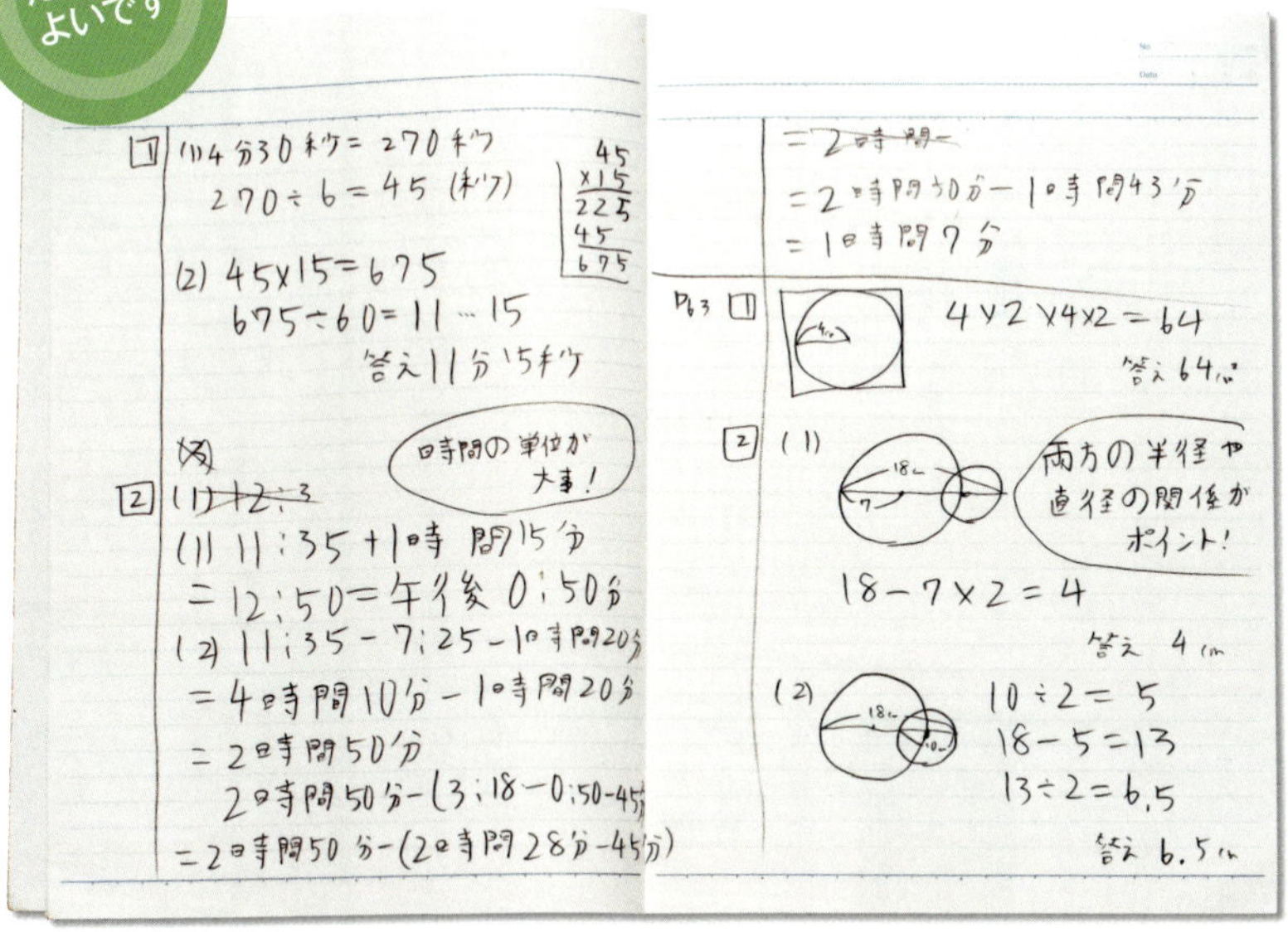

一見普通だがスピード感がある

こちらのノートは、ノートの罫線を無視した、大胆な使い方。でも、全体的にスピード感があって、重要なところは丸がこみがしてあり、頭の整理のための記録もバッチリ。間違いなく「良いノート」。

ちょっと問題かも!?

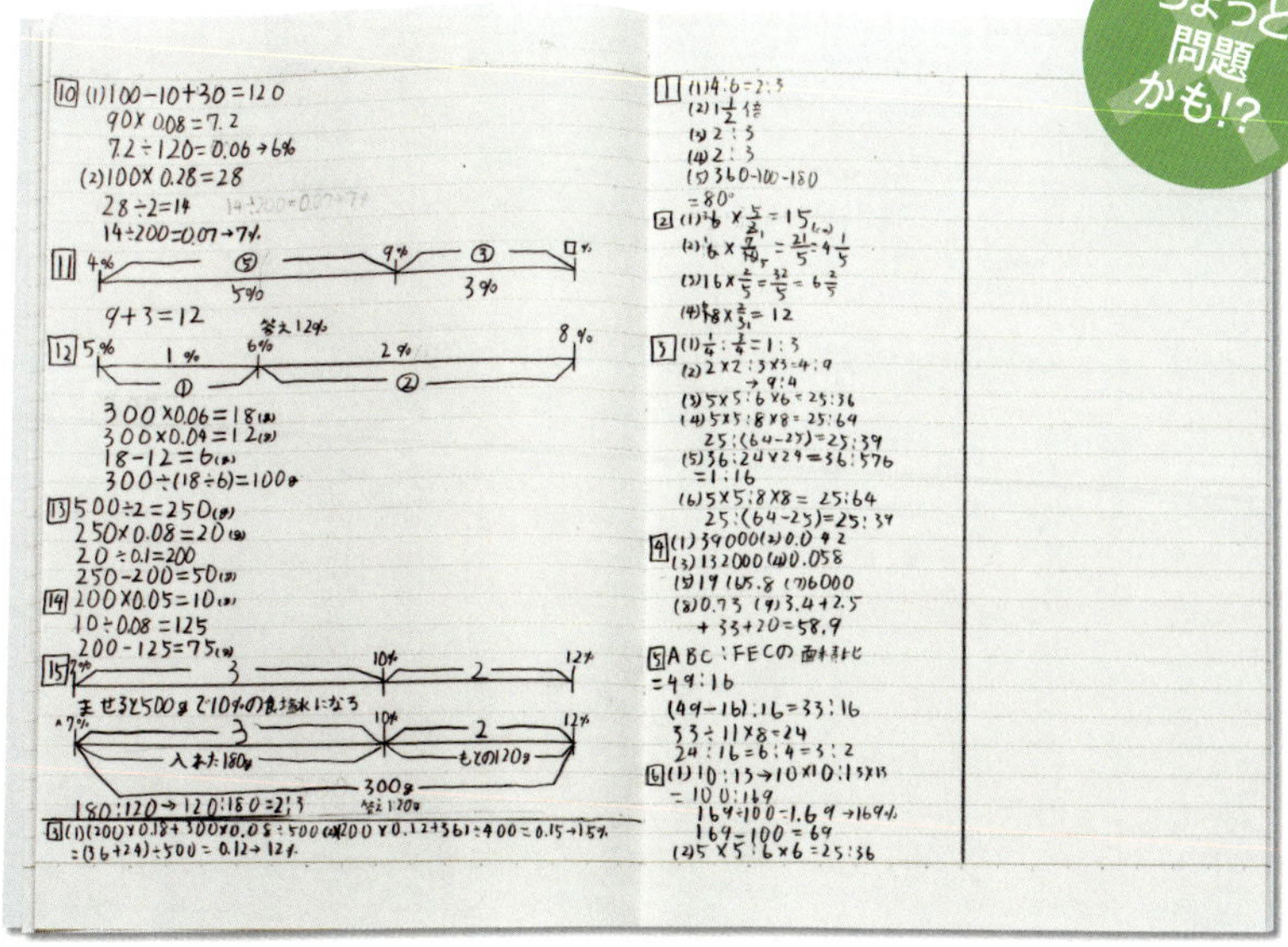

演習ノートはていねいすぎないほうがいい

文字をキッチリ罫線の中に収め、線分図などは定規で描くなど、見た目の緻密さやていねいさはあるが、「どんどん解いていく」スピード感はイマイチ。きれいに見せるためのノートになってしまっているのがバツ。

親御さんたちの最大の勘違い、「きれいなノート」=「良いノート」

第4章
意外に知られていないノートのとり方

2

後伸びが期待できるノートのとり方を知ろう

一見、乱雑に見えるノートでも、頭を働かせて書いている子とそうでない子には違いがあります。それはどこか？　また、親がアドバイスするポイントも考えてみましょう。

前ページで、良いノートと悪いノートの一例を紹介しましたが、ここでは、さらに子どもたちのノートでよく見られる、〝危険な兆候〟を見ていきましょう。

　それは、次ページで紹介するように、大きく分けて、四つのタイプがあります。

「きちんと型」は、文字通り、きれいに書くことが目的となってしまっているノート。重要な知識をまとめておくノートなら、色分けして整理するのも悪くはありませんが、必要以上に時間をかけて飾りたてるようなノートは意味がありません。

　とくに、計算問題を解く「演習ノート」をきれいに書きすぎているようなら要注意。きちんと型のノートとしては、59ページ下で紹介したノートのように、文字や計算式の記述にゆったり感がなく、ページの上側や左側に偏っているケースもよくあります。

　このケースは、お母さんの「きちんと書きなさい」という口グセが生み出していることが多いのです。まずはお母さん自身が「ノート＝きれいに書くべきもの」の固定観念を取り払いましょう。

記述が少ないノートや散漫なノートも要注意

「見て写し型」は、その名の通り、黒板の文字をひたすらノートに写すだけに没頭しているタイプ。見ては写し、見ては写しを繰り返す作業は、いわば小さいメモリーの記憶装置に入れては、すぐに捨てているような状態。授業の内容がまったく頭に残っていない可能性があります。

「これだけ!?型」は、記述が極端に少ないノート。頭の中で考えたことをノートにとる習慣が育っておらず、「解答だけ書けばいいや」と思っている可能性があります。低学年のうちはよくても、高学年になって問題が複雑になると、頭の中が混乱してしまうことも。

「ぐちゃぐちゃ型」は、注意散漫で、まとまりのないノート。親もビックリですが、子ども自身もあとでみると、「何でこんなことを書いたんだろう？」と思ってしまうようなノートです。

子どものノートに こんな兆候が出ていたら、要注意！

ここに挙げたのは、ちょっと問題なノートのとり方の例です。一見よさそうなノートでも、「後伸びするノート」になっていないので、要注意。

きちんと型

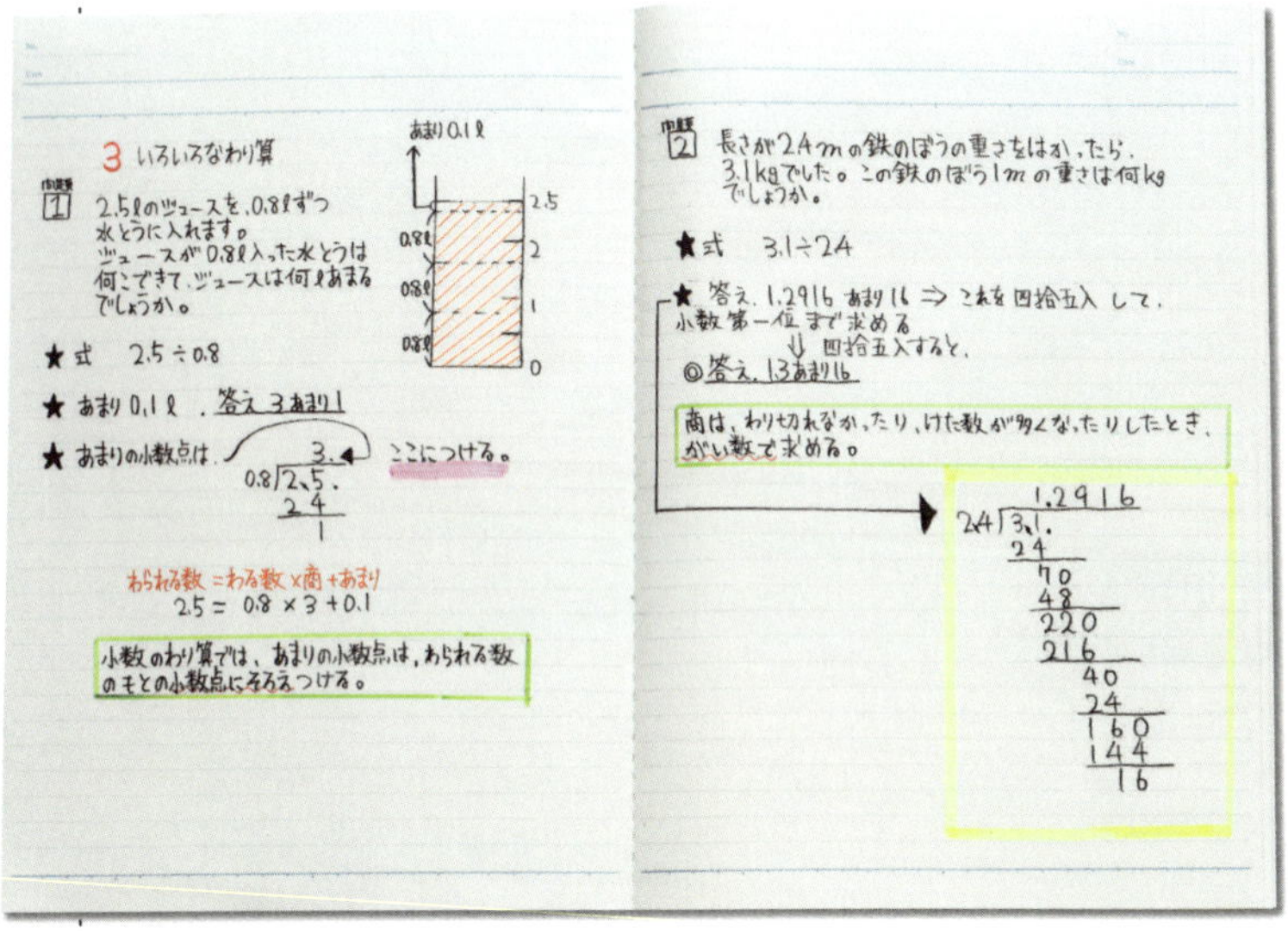

学力面だけでなく、子どもらしい伸びやかさがなくなってしまう

問題を解くために使う「演習ノート」で、左のような色分けは時間のムダ。図解などもわざわざ定規を使っているが、問題を解く過程の作図は手描きで十分。問題を解くこと以外に、余計な思考が働き、集中力もそがれてしまう。このような「きちんと型」の兆候が強くなると、学習面だけでなく、子どもらしい伸び伸びとした成長がなくなってしまうこともあるので注意。

見て写し型

書き写すことに専念して、先生の話が頭に入らない

学校や塾の先生が黒板に書くものを、見ては写し、見ては写しを繰り返すタイプ。一見、「勉強している風」に見えるが、授業の内容をしっかり理解しようとする意識が働かず、「書いて写す」ことだけに注意が向けられているのが問題。たまに親が書かれている授業ノートの内容について質問してみて、解答に戸惑うような気配があったら要注意。

授業中のノートとりでいちばん大切なのはまず先生の話をよく聞くこと。単純に「見て写す」だけでは、ノートとりの意味がない

これだけ!? 型

頭の中だけで考える習慣が伸び悩みの原因になることも

「たったこれだけ!?」と思ってしまうような、空白が目立つノート。これは、算数の問題を解くときに、途中の計算式を書かず、暗算で済ませてしまうような、頭の良い子にもときどき見られるタイプ。しかし、答えさえ合っていればよいという考え方は、解答プロセスも含め、基本をしっかり習得すべき小学生期においては、好ましくない思考習慣。高学年になって文章問題などで行き詰まることも。

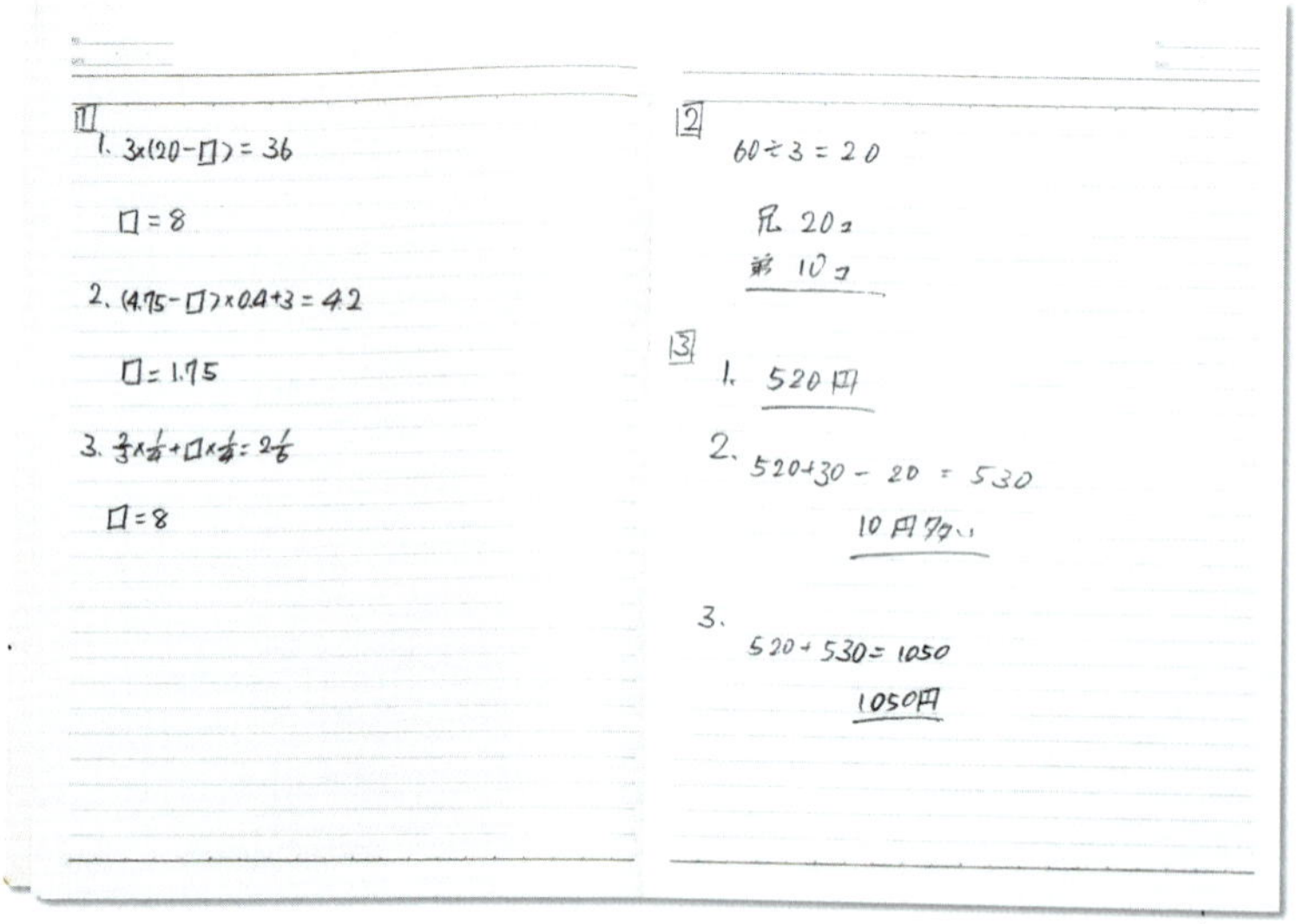

ぐちゃぐちゃ型

書き方に自分のルールがなく、注意散漫の傾向がある

低学年の子のノートには、ときどきお絵かきや落書きがあったりするが、高学年になってもそうだとしたら要注意。授業に身が入っていない表れかもしれない。学習に対する自覚がある子のノートは、書き出しの位置をそろえるなど、その子なりの記述ルールがあるはず。どう見てもその「ルール」が感じられないぐちゃぐちゃ型の子は、ノートをとる意味を理解していない可能性が。

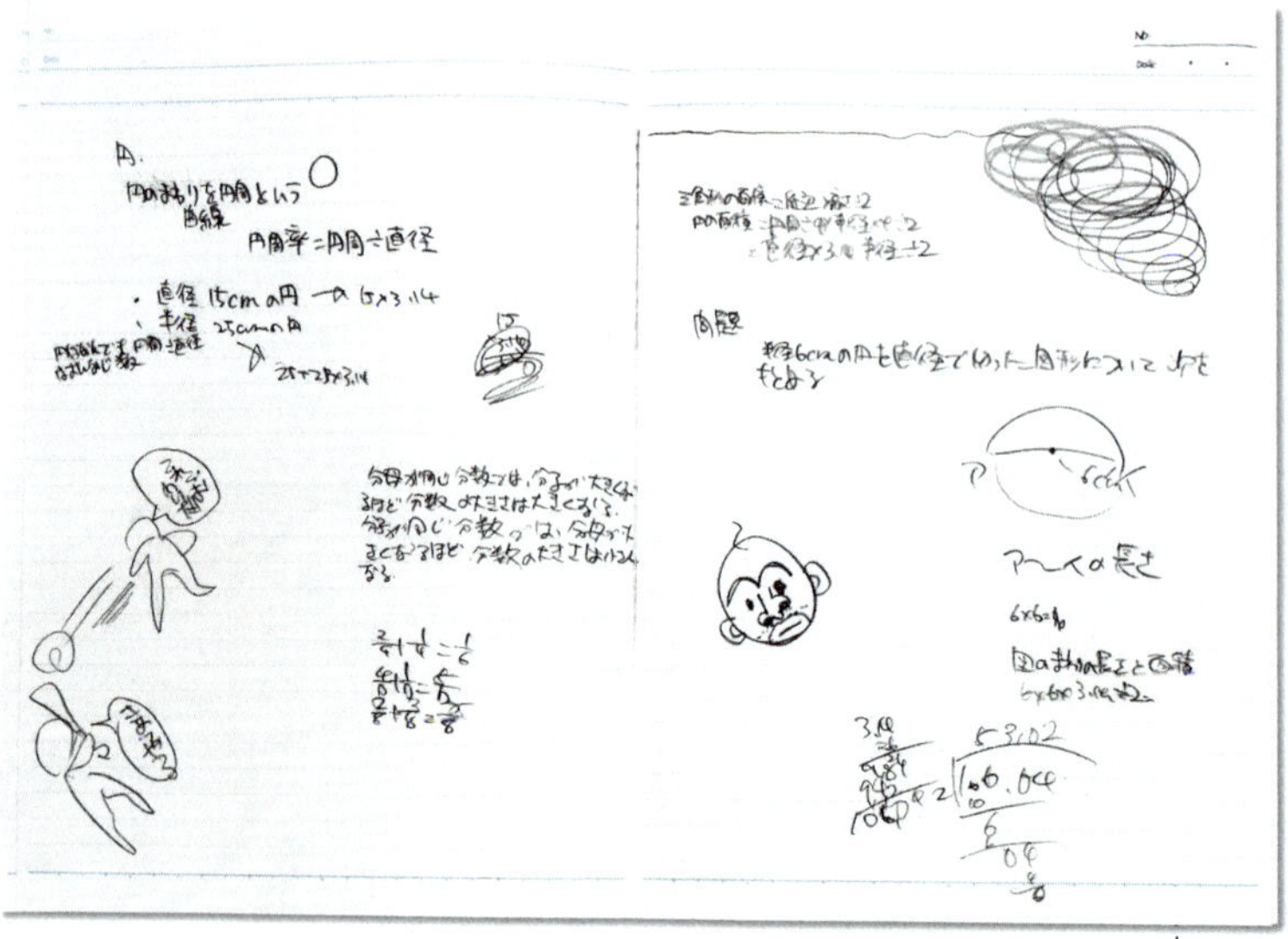

このようなノートの兆候がわが子にあったらどうすればいいのでしょうか?

ノートとりの習慣を上手に見守るために、ビジネスの世界でよく使われる、「PDCAサイクル」つまり、「プラン→ドゥ→チェック→アクション」という4段階のサイクルをご紹介しましょう。

これは、ある物事を上手にすすめていくためには、まず計画を立て(PLAN)、それを実行に移してから(DO)、その結果を検証し(CHECK)、さらに検証の結果を踏まえ、再び行動を起こしていく(ACTION)ことが大事、という考え方です。

これは、ノートを使った学習にも当てはまります。つまり、子どもにやらせるだけでなく、ときどき親がチェックをし、修正していくのが大事、ということです。

チェックの方法としては、61〜62ページで紹介したような兆候が出ていないかどうか見るだけでなく、ノートを見ながら授業中の子どもの姿を想像したり、たまに子どもに問いかけて、学習内容を理解しているかどうか確かめることも必要です。

アクションは、具体的な方法を子どもにアドバイスしてあげることですが、これは次ページ以降で詳しく解説します。

まずはノートとりの意識づけを確認

まずは、ノートは人に見せるものでも、ただ書けばよい、というものでもなく、頭を働かせるための学習ツールであることを子どもによく理解させることが大事。

たとえば、「『87+97』を頭の中で計算するより、紙に書いたほうが筆算もできて、わかりやすくなるよね」「乗ってみたいロボットを考えるときでも、実際に絵に描いたほうが自分でもよくわかるし、こんなふうにしたいというアイデアもわいてくるでしょ?」

こんなたとえ話をしながら、ノートに書くことが、頭を働かせることにもつながることを実感させましょう。親のスタンスとしては、「ときどき、チェック」「たまにアドバイス」、ぐらいの感覚で見守っていくといいでしょう。

PDCAサイクルでノートをチェックしよう

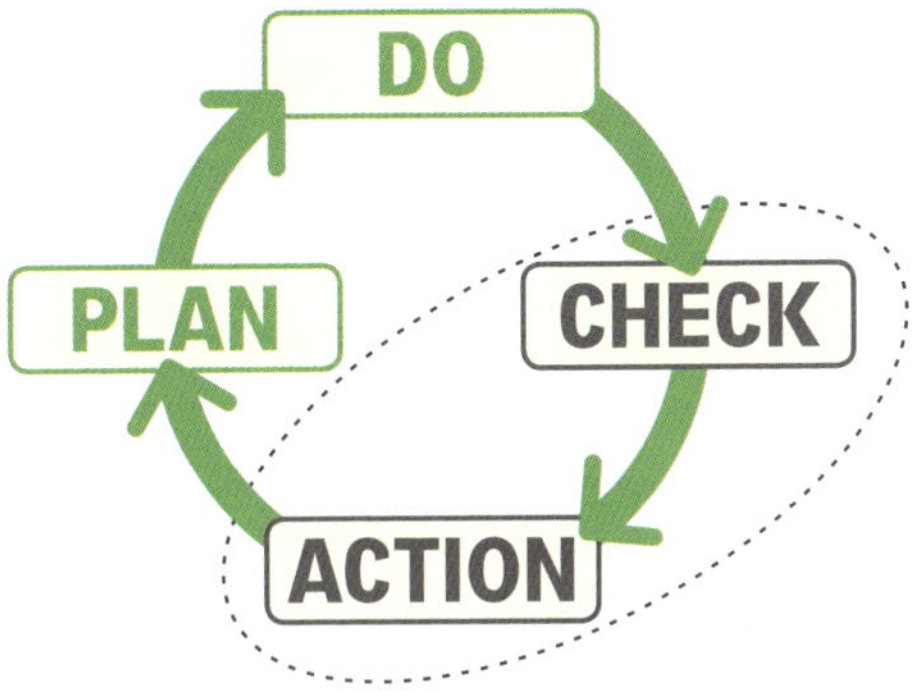

上の中でもCHECKとACTIONは家庭での役割が大切になる

学校や一般の学習塾では、ノートとりを指示しても、「チェック」やそれをもとにした「アクション」のところまでは十分にやってくれない。そこで家庭での関わりが重要になってくる。

ノートをちょこちょこチェックすると、子どもの様子もわかってくる!

第4章
意外に知られていないノートのとり方

3

低・中学年のノートは何に気をつければいい？

教科学力の向上に直接結びつくノートのとり方は、実際には高学年になってから必要になりますが、低学年のうちからノートとりの〝プレ習慣〟は必要になってきます。

幼児期から低学年までは、まず絵でも文字でも、「書くこと」に慣れさせることからスタートしましょう。書くことに慣れていないと、成長してからもノートに向かうのが億劫になってしまうからです。

ですから、小さいころから手を動かす習慣を身につけさせることが大事。そのために、気軽にノートを使えばいいのです。とにかく手を動かすという意味では、小さいころから市販の迷路などに親しませるのもいいでしょう。

私は以前、子どもの学習指導の研究のために、小学生の教室の学習風景をずっとビデオで撮りつづけたことがあるのですが、できる子とできない子の手の動かし方が明らかに違っていました。できる子というのは、問題を解くのにも、最初からどんどん手が動く。手元をよく見ると、図を描いたり、表を作ったり、線を足してみたりしている。つまり、自分なりに試行錯誤しているんです。この試行錯誤力は、手を動かして初めて養われるもの。つまり、手を動かして考えているのです。

めんどうがらずに手を動かす習慣をつけることは、このあたりにつながっていくのです。

名前や日付、問題番号「記録」も大事な作業

また、小学校に入って、授業でノートを使うようになったら、〝ノートの基本動作〟を身につけることが大事。たとえば、左に紹介したような、ノートの表紙にきちんと教科名や名前、何冊目かの番号を書くこと。そして、中面では、日付や問題番号を書く習慣。いずれも、「記録」というノートの重要な目的のためには欠かせないものです。もっとも基本で単純なことではありますが、これは、「ノートは自分のためにとる」という自覚の第一歩になります。

これが身についたら、次に、ノートとりのいちばん大切な部分、「ノートは考える道具である」ことを認識させましょう。66ページのノートのように、算数の演習ノートなどでは、計算問題の跡をきちんと残すこと。間違いがあっ

ノート作りがうまくなる三つの心得

低学年の子にノートとりについて
あれこれ言っても、ノートとりが嫌いになってしまう可能性も。
まずは3つの心得を体感させて。

心得1 ノートは大切な記録です

表紙にも中面にも忘れずに書くこと「いつ、何の勉強をしたか」

表紙に名前や教科名を書くのは、どこかに忘れたときのためだけでなく、「自分のためのノートだから」ということを教える。「いつの」ノートかは、学年・組だけでなく、使い始めた日付も入れておくとよい。また、同じ科目、同じ目的で何冊も使うノートは、ナンバリングすれば、増えるほどに達成感につながる。

トーカイグラフィック学習帳
さんすう(4)
2 B 20 北村 悠夏
算数(教科書用)
4年B組
北村 悠夏
No.2
Section
❶教科名・用途
❷学年・組
❸名前
❹何冊目

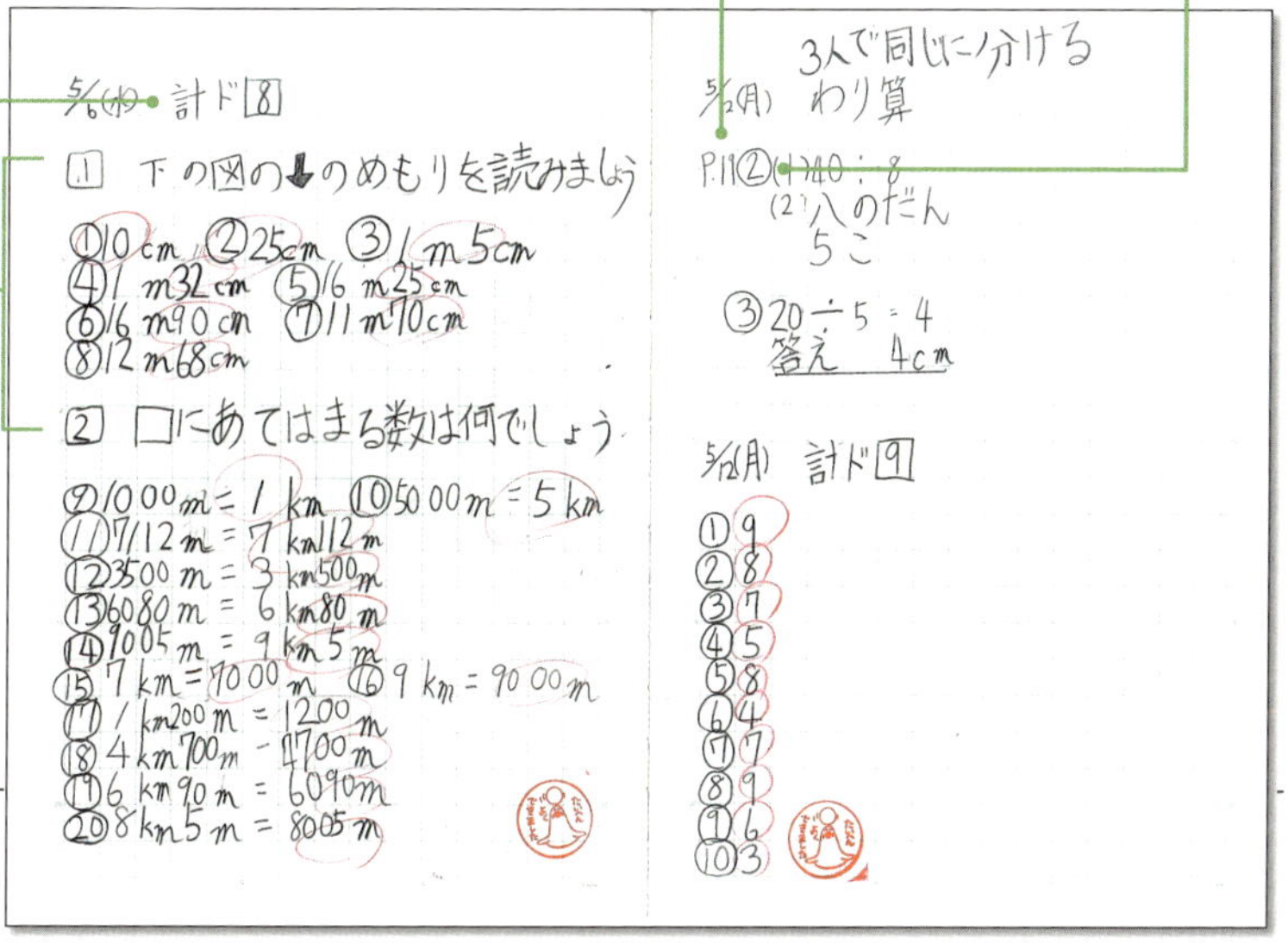

❶勉強する内容・単元名
❸教科書のページ
❹問題番号

演習問題では問題文も書いておく

演習問題をするときは、問題文も書いておくと、あとで見ることがあったときに、いったい何の問題なのかがすぐわかる。高学年になって、受験勉強のために演習問題をやるときは、問題文のコピーを貼ることもある。

ても、消しゴムで消さないで、そのまま残しておけば、自分がどこで間違ったのか後から見直すこともできます。

また、文章問題などは、問題の内容を絵や図に描いてみることもぜひ教えたいもの。たとえば、『AちゃんはBちゃんよりもみかんを三つ多く持っていますが……』と問題文の途中でも、みかんの絵を描きはじめるぐらいの勢いがほしいところ。文章問題を理解しながら視覚化していく作業は、求められている答えを筋道立てて導き出していくトレーニングにもなります。もちろん、この絵や図のうまいへたは関係ありません。あくまで、問題の条件や問われていることをわかりやすくすることに意味があるからです。

この習慣がつけば、ノートとりの基本はできたも同然です。

また、低・中学年のころは、とにかくノートに親しむことも大事

心得2 ノートは考える道具です

問題を解くときは、とにかく手を動かす

ノートは、「記録」や「頭の整理」のためには、自分が見やすいようにまとめておくことも大切だが、問題を解く「勢い」が大切な演習ノートでは、あまり見た目にこだわる必要はない。左下のノートのように、問題を解くときに描いた絵や図などは、いわば「思考の跡」。計算問題などの間違いをそのまま残すのも、その「跡」を再確認するためだ。

文章問題は図を描きながら考える

問題文にある内容を絵に描いて確かめている。とにかく手を動かしながら考えることが大切。

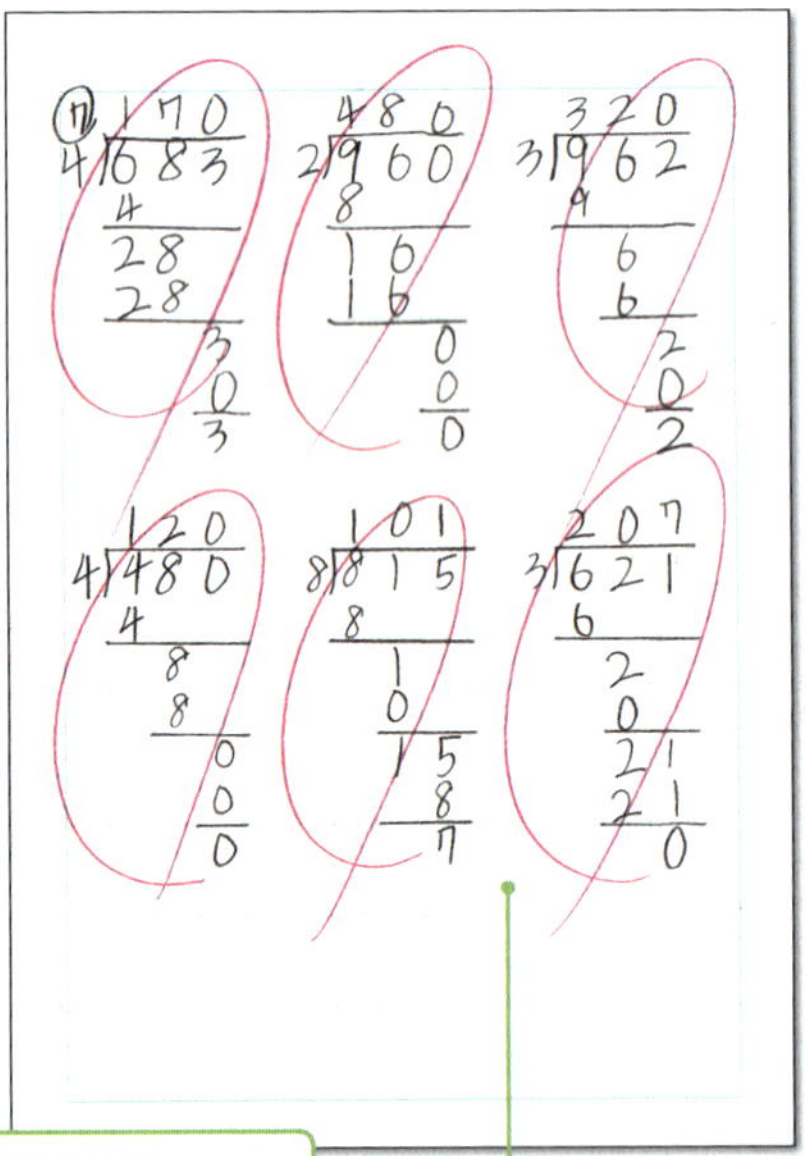

筆算はそろえて書く習慣を

数字のケタをそろえ、問題と問題の間を1行空きにする習慣にすると、ケアレスミスを防げる。

です。このページのノートのように、絵や図を描きこんでもいいし、スクラップ帳のように必要なものを貼り付けてもいい。ノートは自在に使いこなすものだ、という感覚が身につけられるといいですね。これは、とくに社会や理科のノートで役立つ方法です。

「書きながら考える」は鍛え方いろいろ

何かを書きながら頭を働かせるという感覚は、私たち大人はよくわかりますが、子どもにとっては、イメージするのは難しい感覚。だからこそ、小さい頃から慣れさせておくことはとても大切なのです。そのためには、教科別のノートにこだわらず、本を読んだり、どこかに行ったときに一言感想文を書くノートを作ってみるのもいいでしょう。できるだけ自由に書かせて、ノートとりを楽しませることが大事です。

心得3 ノートは資料をペタペタ貼っていいのです

図は大きく、必要なものはペタペタ

社会の勉強で世の中のさまざまな仕組み図を写したり、理科の実験器具や植物・昆虫などを描き写すときは、できるだけ大きく描こう。親御さんは細部にわたって描いているわが子の絵や図を見たら、「すごい！」とほめてあげることを忘れずに。また、理科や社会などは授業で渡される資料がたくさんある。スクラップ帳のようにどんどん貼り付けていこう。

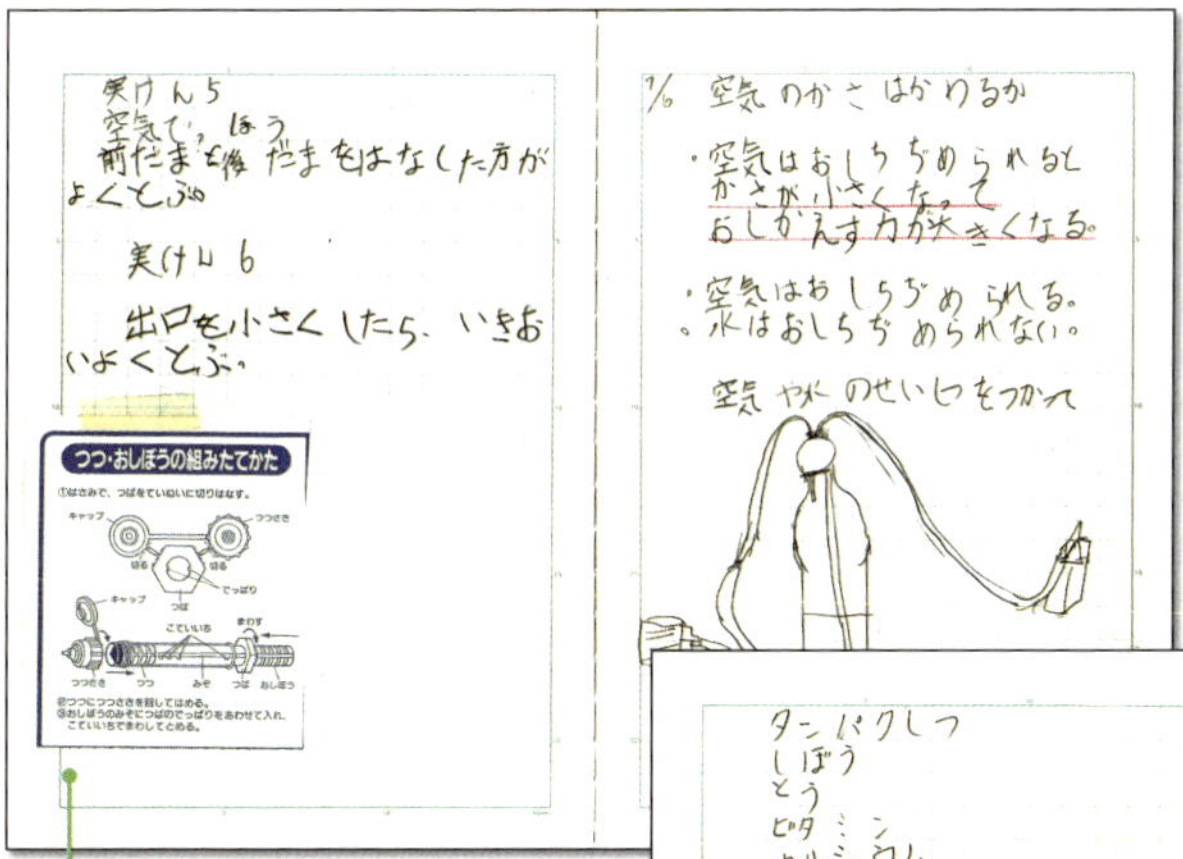

資料はノリやテープで貼っていく

授業で配られた資料だけでなく、必要なら、ドリルの一部でもハサミでジョキジョキ切り分けて貼り付ける。スクラップ帳のような感覚でよい。

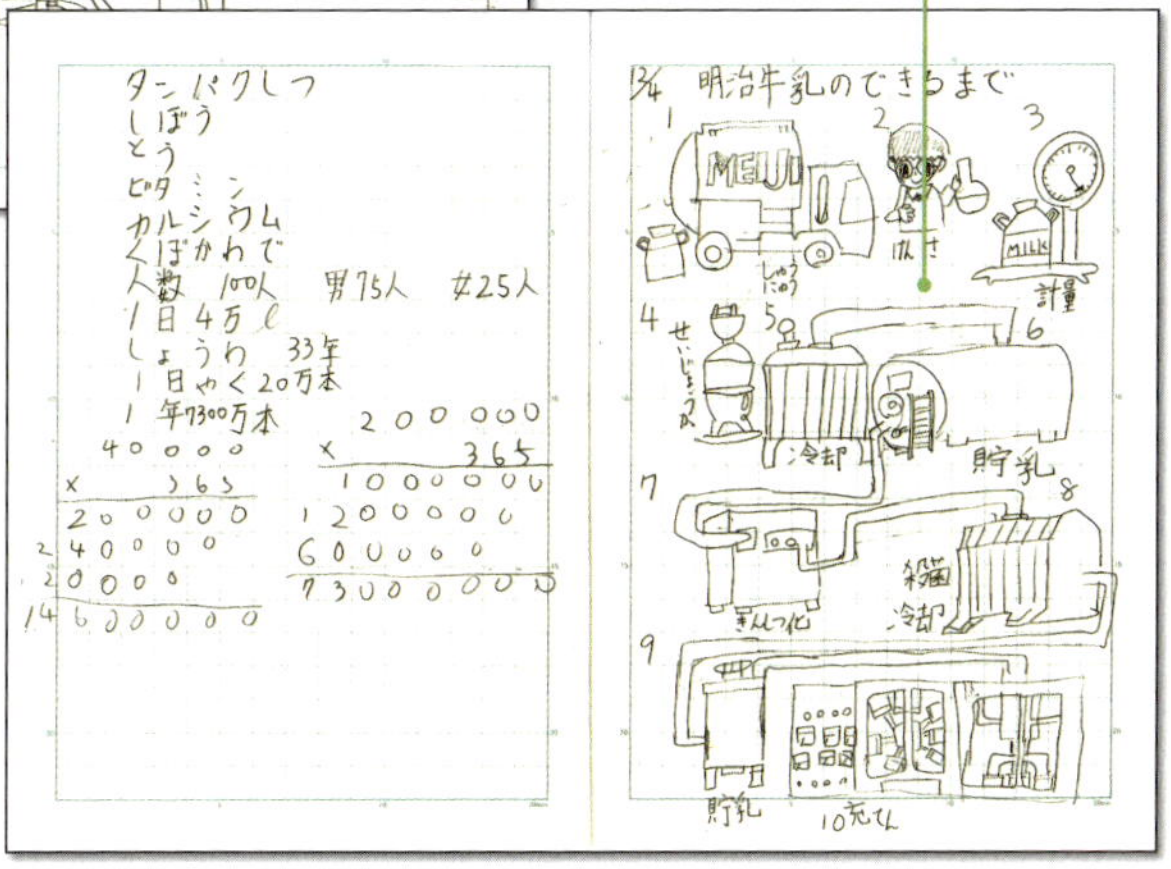

絵や図は思い切って大きく描く

資料を見ながら描き写したものだが、細部も描き込んでいる。この「執着心」が大切。

「頭で考えるより手で考える」この感覚を身に付けて！

{第4章}
意外に知られていないノートのとり方

4

高学年になったら、自分なりの工夫を加えて

今度は、高学年向けのノートのとり方の例を紹介します。自分なりに工夫を加えることができるようになると、ノートとりはぐんと進歩するでしょう。

高学年は、ノートとりも〝本格稼働〟をはじめる時期といえます。まず、ノートは目的によって使い分けるようにします。

まずは誰もが書く授業ノート。61ページで説明した、「見て写し型」にならないように、板書されたことをすべて書くというより、何が自分にとって大切なのかをわかりやすく書くことが大事です。

そして、左ページに紹介したのは、自分でできなかった問題や、受験対策などで重要だと思った問題を何度も解き直すための「復習ノート」です。

全体が四つの要素で構成されています。一番上が問題文を書く欄。その下にあるブロックが、問題の解答結果を書くコーナー。答えを出すまでのプロセスもきちんと書きます。

できなかった理由を自分の言葉で書く

そして、この「復習ノート」でもっとも大事なのが、3番目の「問題ができなかったときの理由」と、4番目の「ポイント」を書く欄です。いずれも、自分なりに考え、自分の言葉で具体的に書くのがルールです。たとえば「できなかった理由」に、ただ「わからなかったから」「むずかしかったから」では意味がありません。間違いの原因をしっかり認識すると同時に、「同じ失敗を繰り返さない」「自分の勘違いが間違いを引き起こす」と、自省心を深めることにもなります。この失敗に学ぶ姿勢は、大人になってからも当然、必要になるものです。

4番目の「ポイント」欄は、問題を解く際の重要点や、忘れてはならないことを、自分なりの言葉で書きます。間違った理由や、問題に対する自分なりの視点を自分の言葉で書いていくことで、知識や理解の深まりがまったく違ってきます。これができれば、弱点克服のための自分だけのオリジナル問題集にもなるし、こうして自分なりの工夫も加えていく習慣が、自分で自分の頭を鍛えていく練習にもなるのです。左のノートの「できなかった理由」欄には、「チンプンカンプン」なんてセリフがあ

ノートは大きく分けて、「復習」、「演習」、「知識」の3つのノート

復習ノート

問題欄

正解・不正解の印も忘れずに

テストのときに間違った問題や重要問題を書く。親御さんが問題をコピーして貼り付けてあげてもいい。また、問題をやって間違ったときには×印、できたときには○印を必ずつける。×印の数で、自分の苦手度も認識できる。

解答欄

「失敗」は宝の山と心得る。必ず残す

途中の計算式は省かず、絵や図なども使って解答プロセスをていねいに書くこと。しかし、きれいに書く必要はなく、スピード感が第一。最初に取り組んだときに間違ったとしても、それはそのまま残して。

できなかった理由

自分の弱点をしっかり見つめる

間違った理由を、自分なりに考え、自分の言葉で書くことが大切です。「投影図にする発想ができなかったから」などと、できるだけ具体的に書きましょう。「よくわからなかったから」「問題がむずかしかったら」ではダメ。

ポイント

自分の言葉で手短にまとめる

算数であれば、この問題を解くのに欠かせない公式やルールなど絶対忘れてはならないこと、あるいは補助線を引くなど、解いていくうえで必須となるテクニックをまとめる。自分でも覚えやすいように手短にまとめて。

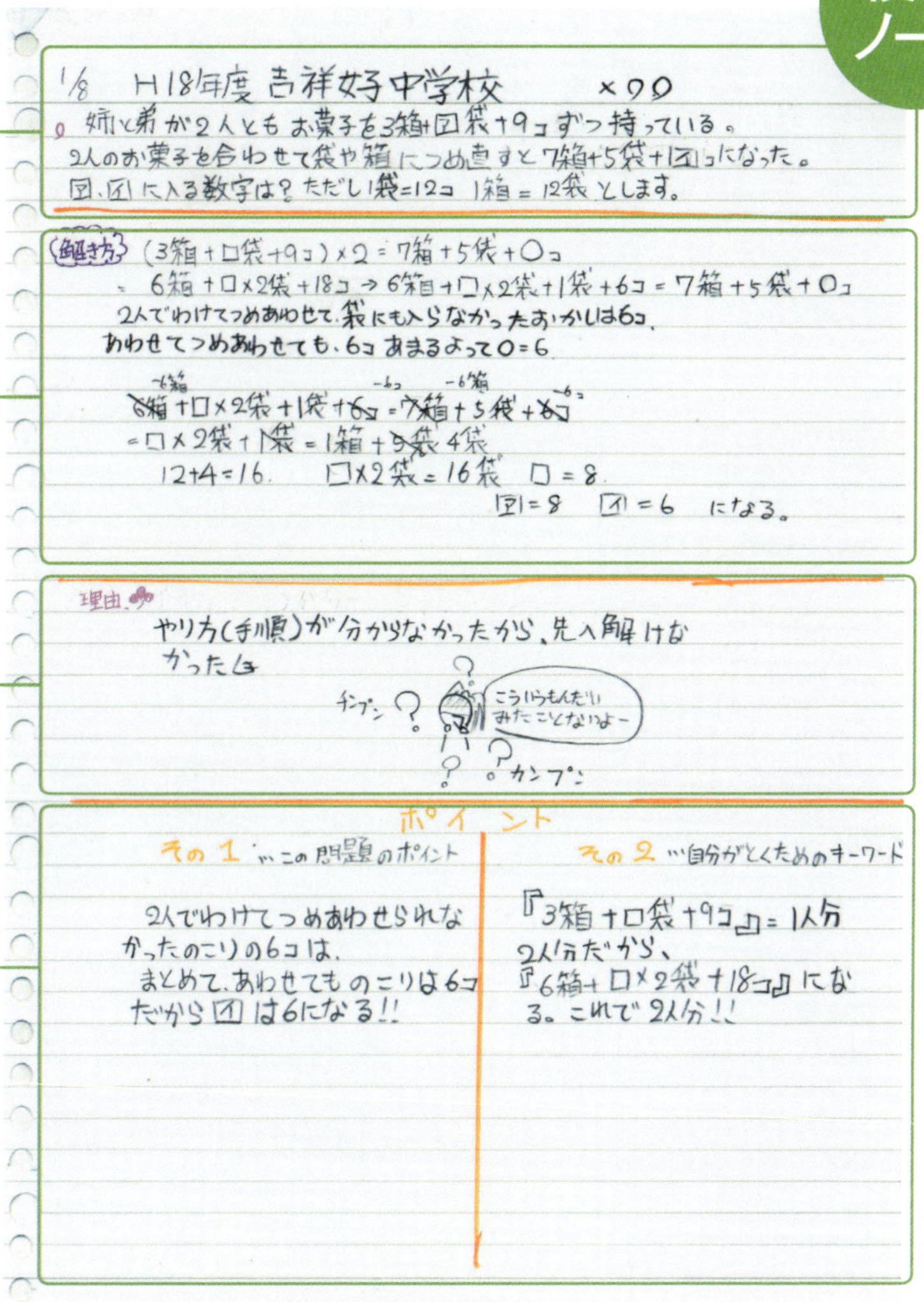

オリジナル問題集として使い倒そう

「復習ノート」は自分だけのオリジナル問題集にもなる。たとえば、×印がついたページだけを選んで、「苦手克服問題集」にしても。そのときは、問題文以外のところを右の写真のように隠して、70ページのような「演習ノート」に解答を書いていくようにするといい。

受験対策にはルーズリーフが便利

中学受験対策で過去問などを解くためにノートを使うときは、「A4判のルーズリーフ式ノート」がおすすめ。ルーズリーフは、着脱して苦手問題だけをまとめてやるのに便利なうえ、A4判だと、スペースが広く使えるので、図を描く必要があるときなどに都合がいい。

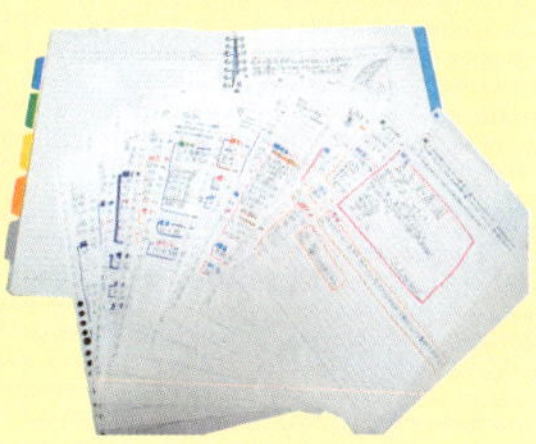

りますが、学習を楽しんでいるようにも見えますね。

「復習ノート」は、受験対策として使うときはB5判ノートではなく、A4判のルーズリーフ式ノートを活用するという方法もあります。よく間違う問題や苦手問題だけを集めて取り組んだりするのに便利です(69ページ下参照)。

ただし、この「復習ノート」づくりは、高度なまとめ能力も要求されるので、早めに作らせようと思っても、子どもの成長が追いついていない場合は、労力と時間の無駄になってしまいますので、やらせる時期には注意が必要です。

問題を解くために使う「演習ノート」はこれまでにも述べてきたようにスピード感が大切。下のノートも、計算の仕方が間違ったときに、消しゴムを使わず、ただ×印だけをして、もう一度書き直して、先を急ごうとしている感じがうかがえます。この「演習ノー

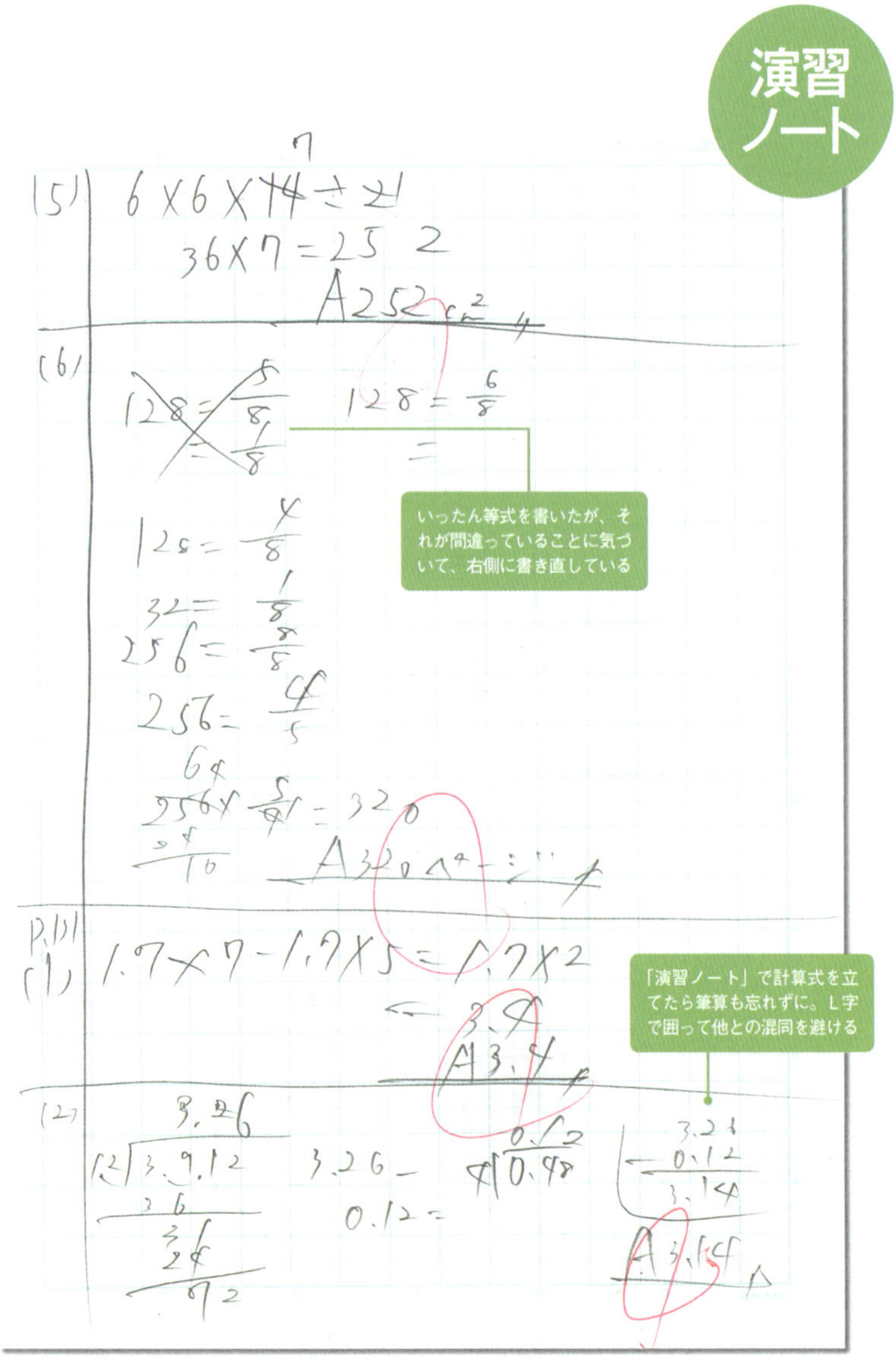
演習ノート
いったん等式を書いたが、それが間違っていることに気づいて、右側に書き直している
「演習ノート」で計算式を立てたら筆算も忘れずに。L字で囲って他との混同を避ける

途中で間違いに気づいても消さない。とにかく答えを急ぐ!

「演習ノート」では、答えを出すプロセスで、計算式などを間違えたことに気づいても、消しゴムでいちいち消さずに、×印をつけて先に進むこと。問題の解き方に慣れると同時に、スピード感を養うことが「演習ノート」の目的である。養われたスピード感は、大事な試験でも大いに力を発揮するはず。計算問題では、スピード感とともに正確性も求められることを忘れないで。

使い切りのノートでも間違いや重要点の印は残す

「演習ノート」は「復習ノート」のように使いまわすノートではないが、間違えた跡を残したり、ポイントになる計算式にマークをつけるといった配慮は同様にしておくこと。何かの機会に、思い出して確かめたくなるときもあるからだ。問題が載っていた問題集などの名前や、問題に取り組んだ日付をメモしておくのもいい。とくに教科ごとに使い分ける必要はない。

ト」を使うときは、問題集やドリルなどに必ず、正解・不正解の○×印をつけておきましょう。

このページで紹介しているのは、国語、算数、理科、社会とあらゆる教科で活用される「知識ノート」です。重要な知識をまとめることで、自分だけの〝オリジナル参考書〟になります。

理科のノートは、自分で気づいたことをフキダシの中に入れてまとめたり、資料をコピーして貼ったりもしています。

一方、下の算数のノートでは、台形を区切った図の面積比を求める式を自分でまとめていますが、右下のコーナーには類題を書き留めています。

ここに紹介したノートは、あくまでひとつの例です。ノートを価値あるものに作りあげていくのは、子ども自身。親御さんはあまり形式にとらわれず、見守ってあげてください。

知識ノート

理科

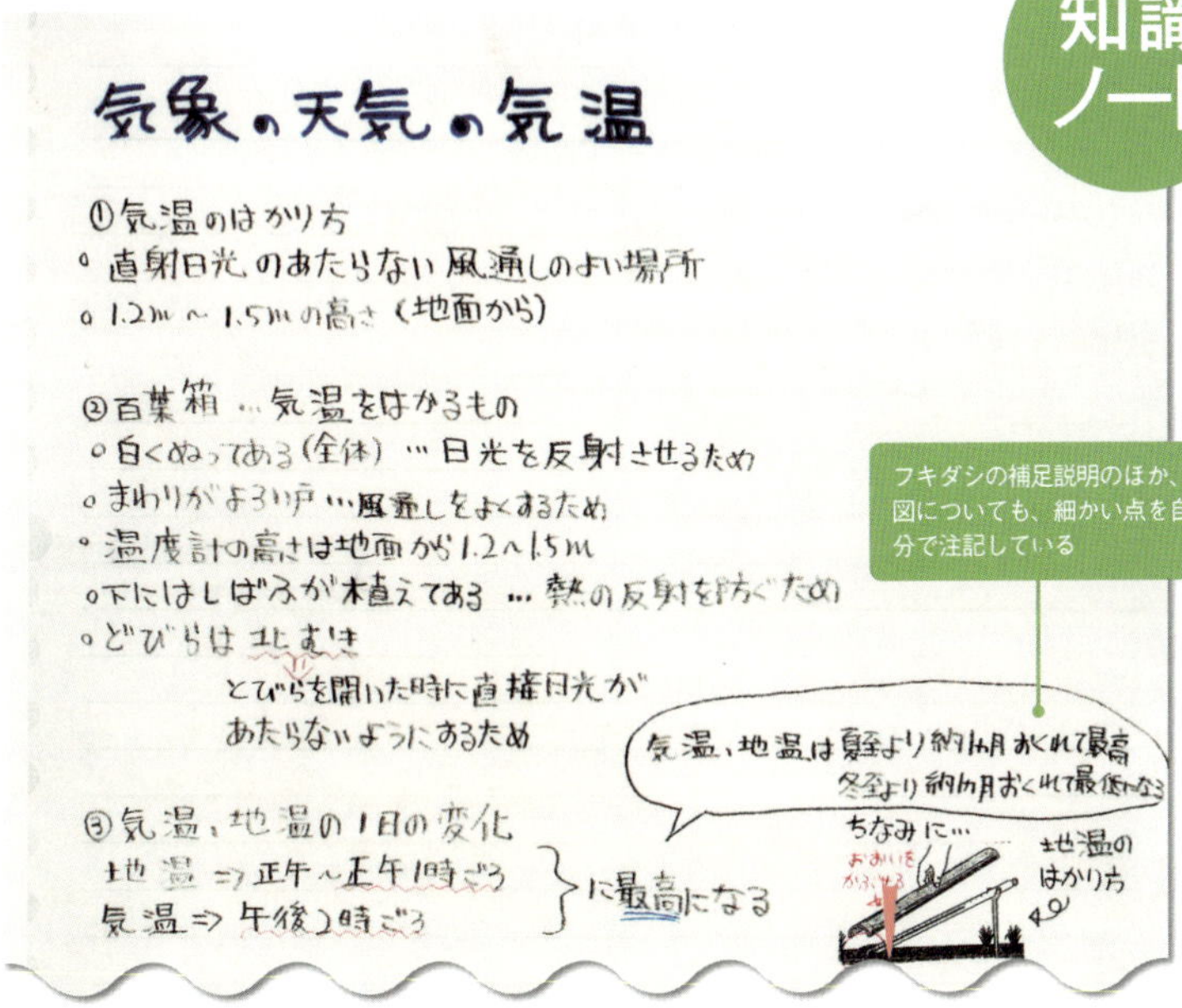

フキダシの補足説明のほか、図についても、細かい点を自分で注記している

整理して見やすくする補足説明も入れて知識を深める

「知識ノート」は、「演習ノート」や「復習ノート」と違い、スピード感を求められるノートではないので、整理して、見やすくまとめておくのがコツ。左の理科のノートでは、「気温、地温」の一般知識のほかに、フキダシで注記を入れたり、「地温の測り方」を補足知識として添えたりしている。こんな工夫をすると、受け身で覚える学習とは異なり、自ら探究して身につけた知識集として、より大きな価値をもってくる。

算数

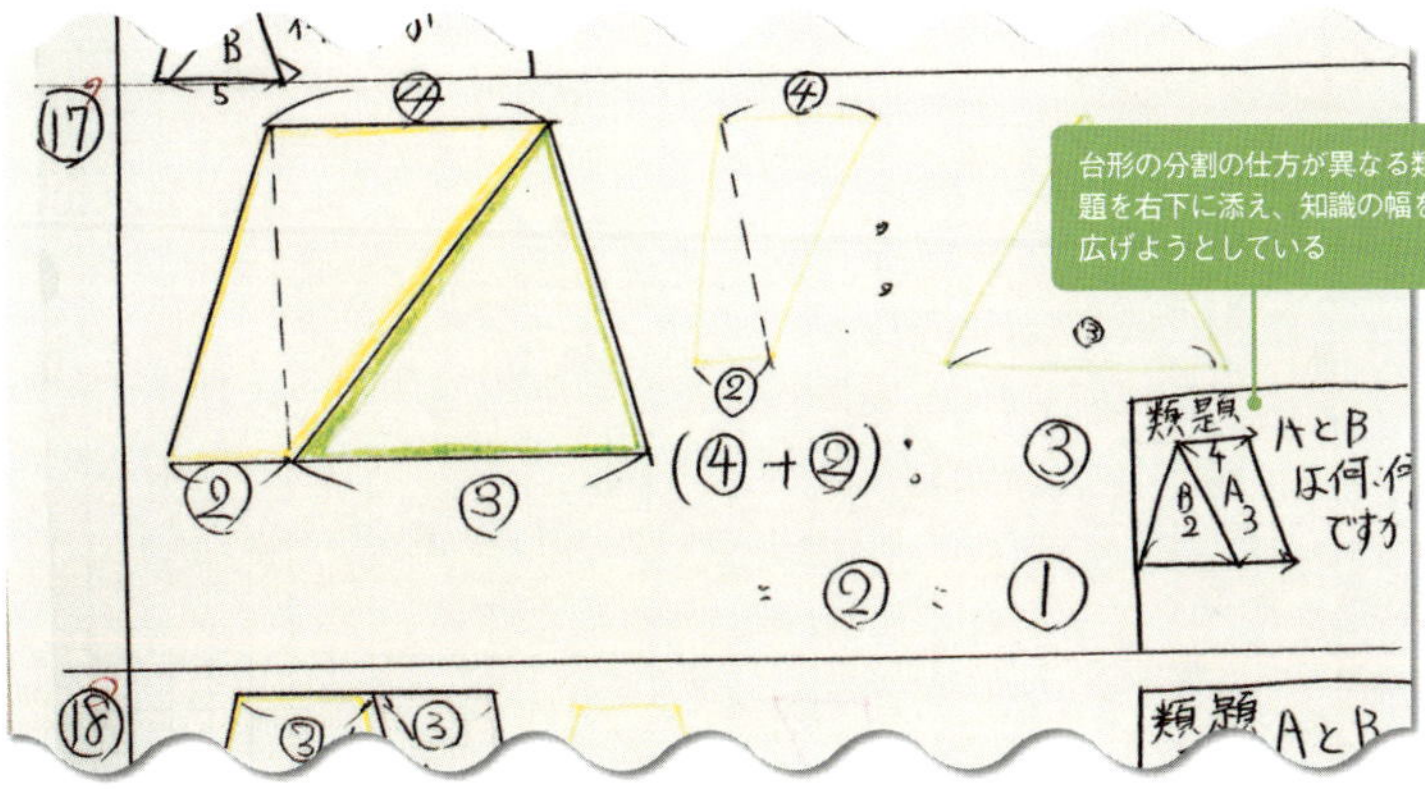

台形の分割の仕方が異なる類題を右下に添え、知識の幅を広げようとしている

自分なりに類題を作って理解の幅を広げる

「知識ノート」は、教科書や参考書のたんなる抜粋ではない。自分で重要だと思ったことを、自分の視点でまとめることが大切。あくまで「独自の参考書」をつくるつもりで作成すること。左の算数のノートのように、コーナーを設けて類題を記しておくなどの工夫もいい。「理科」や「算数」だけでなく、社会科の知識習得にも、「知識ノート」が力を発揮するはず。

ノート使いのコツがつかめれば、中・高生や大人になってからも役立つ！

拝見! 東大生の小学生時代のノート

学力トップといえば、東大生。
では東大生が小学生だったころは、どんなノートをつけていたのでしょうか?
ヒントになりそうなところがいくつもありそうです。

自由自在型

ノートづけの概念にとらわれず、楽しんでやっている様子が伝わる

一冊のノートを算数と国語に分けて、2科目併用して使っていた、小5のときの「一人勉強」用のノート。国語のノートの中面には、ことわざ調べが4コマまんが付きで随所に出てくる。小学生のころからよく新聞を見ていて、いろいろなものを調べてノートに書くのが好きだったとか。

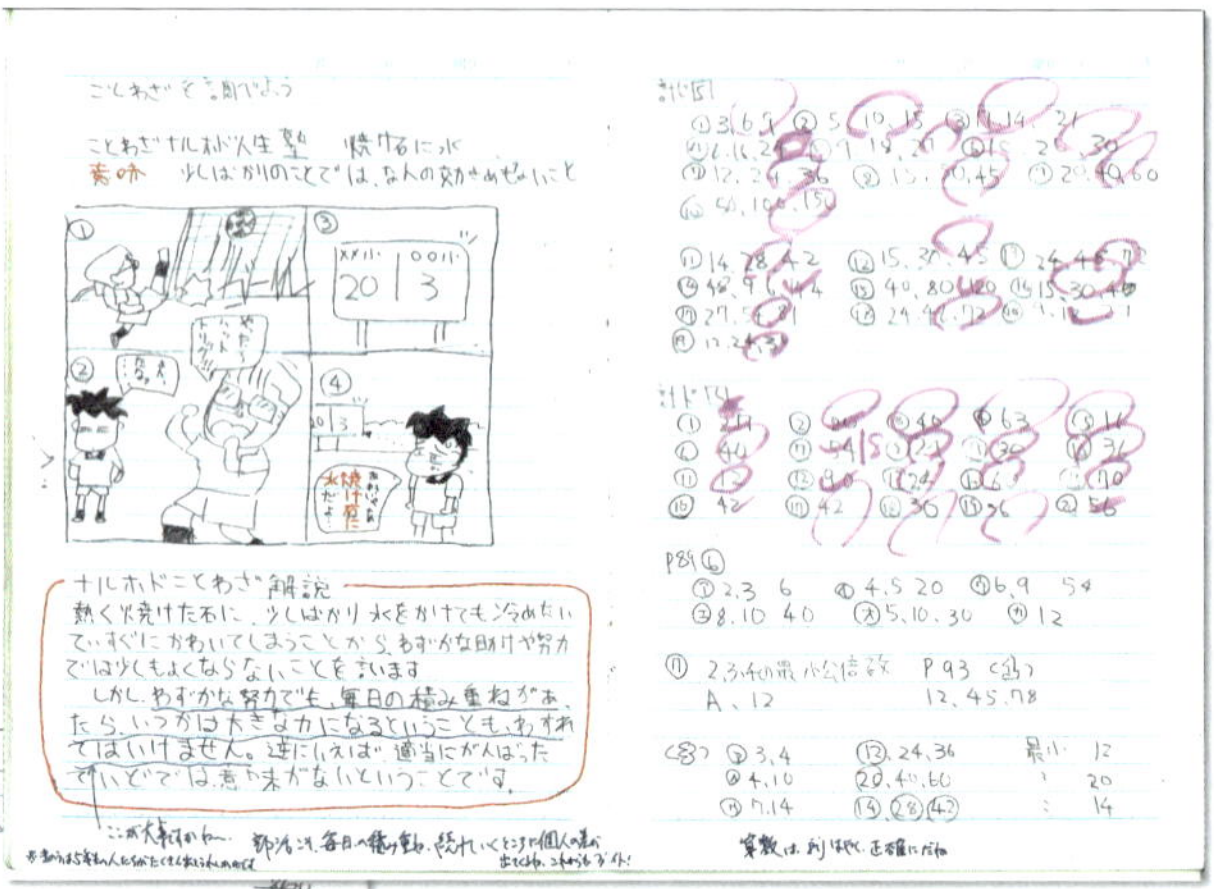

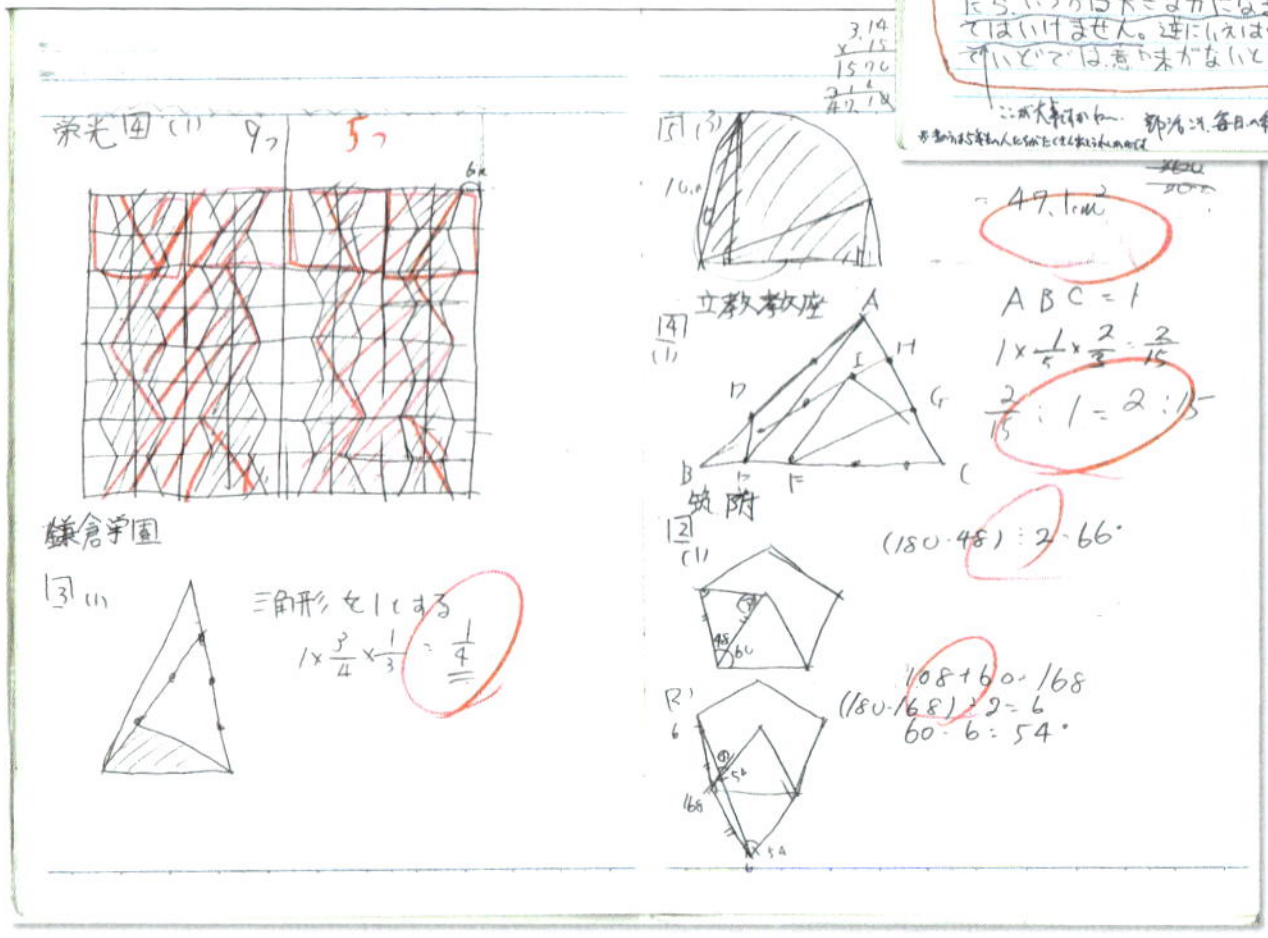

一気呵成《かせい》型

演習では定規を使わず、スピード重視で問題を解きまくる

小6のときの、算数の演習ノート。「大ざっぱ」な性格で、計算ミスも多かったという。これは、中学受験をするために、過去問を解きまくっていたころのノートで、たくさん解くことで、自信がついたそう。図形問題では、「自分がわかればいいから」と定規は使わない主義。

整理整頓型

頭の中を整理するために、シンプルにノートにまとめる

小6のときの、社会のノート。塾で板書を写したものを、もう一度書き直した、いわゆる「まとめノート」。歴史が好きだったので、このようにまとめ直すのが楽しかったのだそう。塾では、「板書を写すより、話をしっかり聞け」とよく言われていたという。

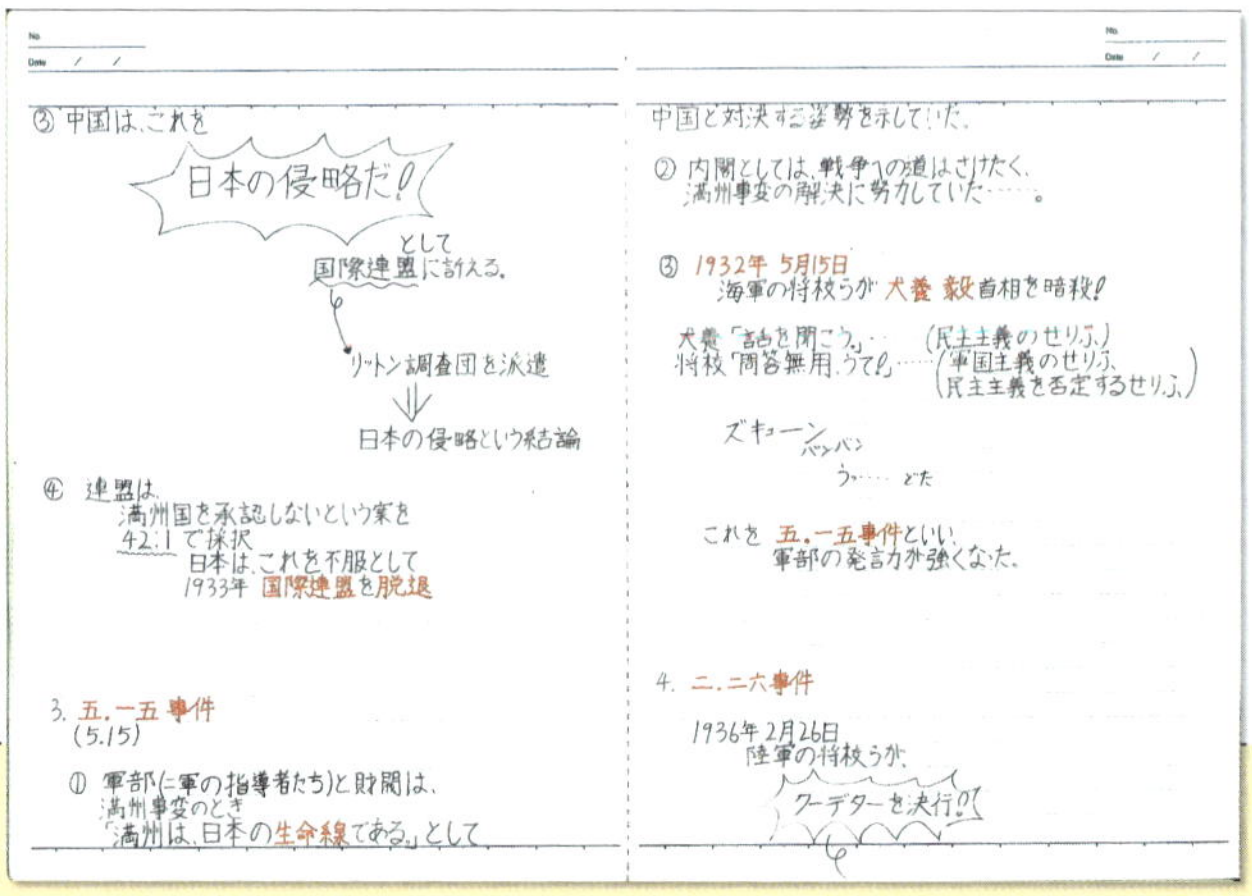

ここに紹介した5つのノートは、東大生の、小学校の頃のノートです。パッと見た感じでは、決して「東大生のノートは美しい」わけではないことがわかります。むしろ、「やんちゃ」いっぱいのノートも……。

しかし、一つひとつのノートをよく見ていくと、小学生でも自分なりに工夫を加えている点が見てとれます。例えば、右ページの「自由自在型」のノートは、右側を算数、左側を国語と、1冊で2科目併用するという、かなり変則的なノート。これは、あくまで一人で勉強するときに使っていたノートということですが、かなり自由にノートを使いこなしている様子がうかがえます。

「できる子」はノートひとつとっても工夫をこらし、自分なりの「型」を持っていることが多いようです。

やんちゃ型

図やグラフを書くことが楽しい！ そんなパワーにあふれるノート

小3のときの、算数の演習ノート。余白をとるなどきれいに書こうとする意識はなく、とにかく勢いで書いている感じがある。赤と青の2色鉛筆が家にたくさんあって、それを演習問題でグラフを書くときや、丸つけに楽しく使っていた記憶があるという。

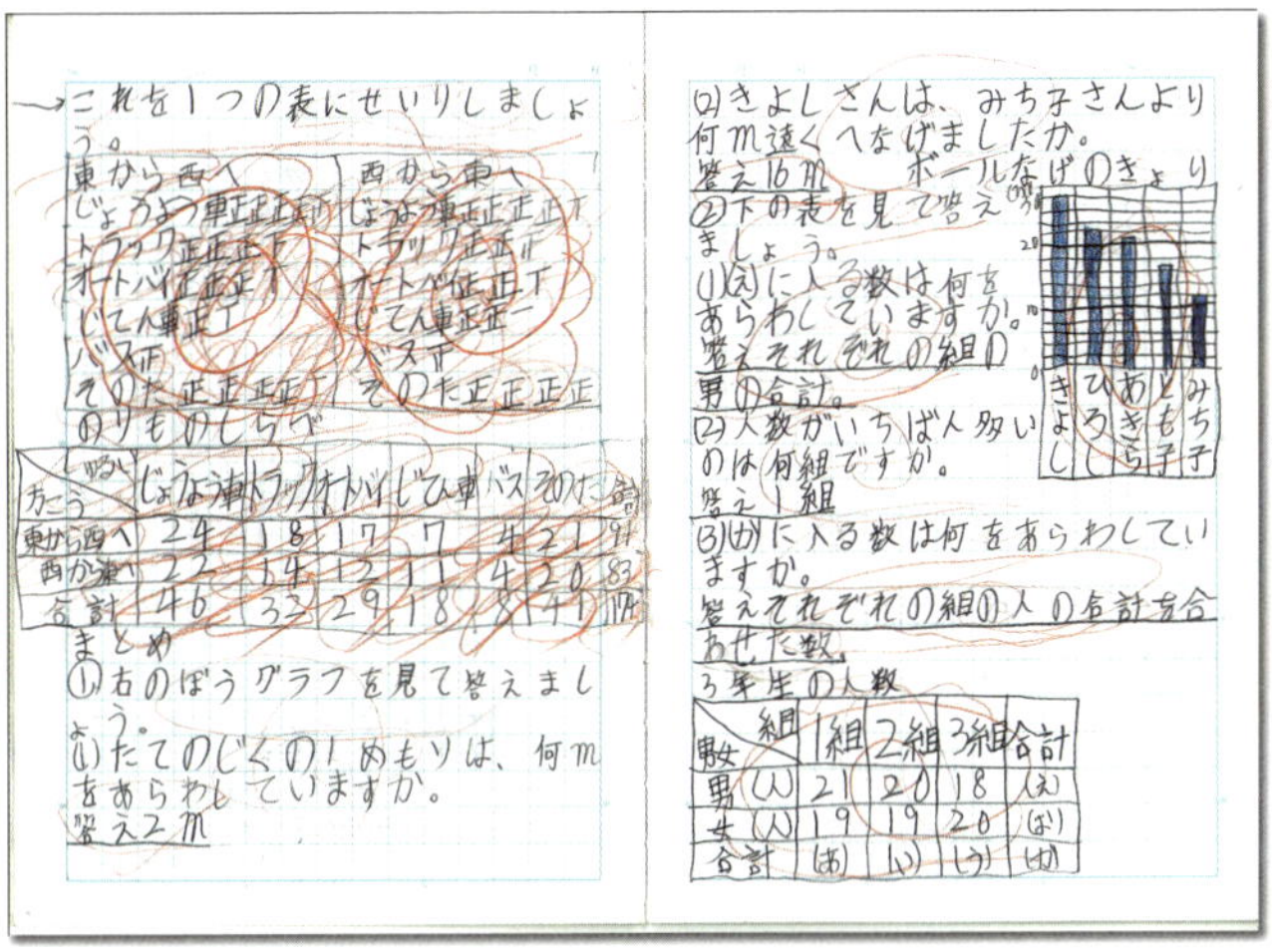

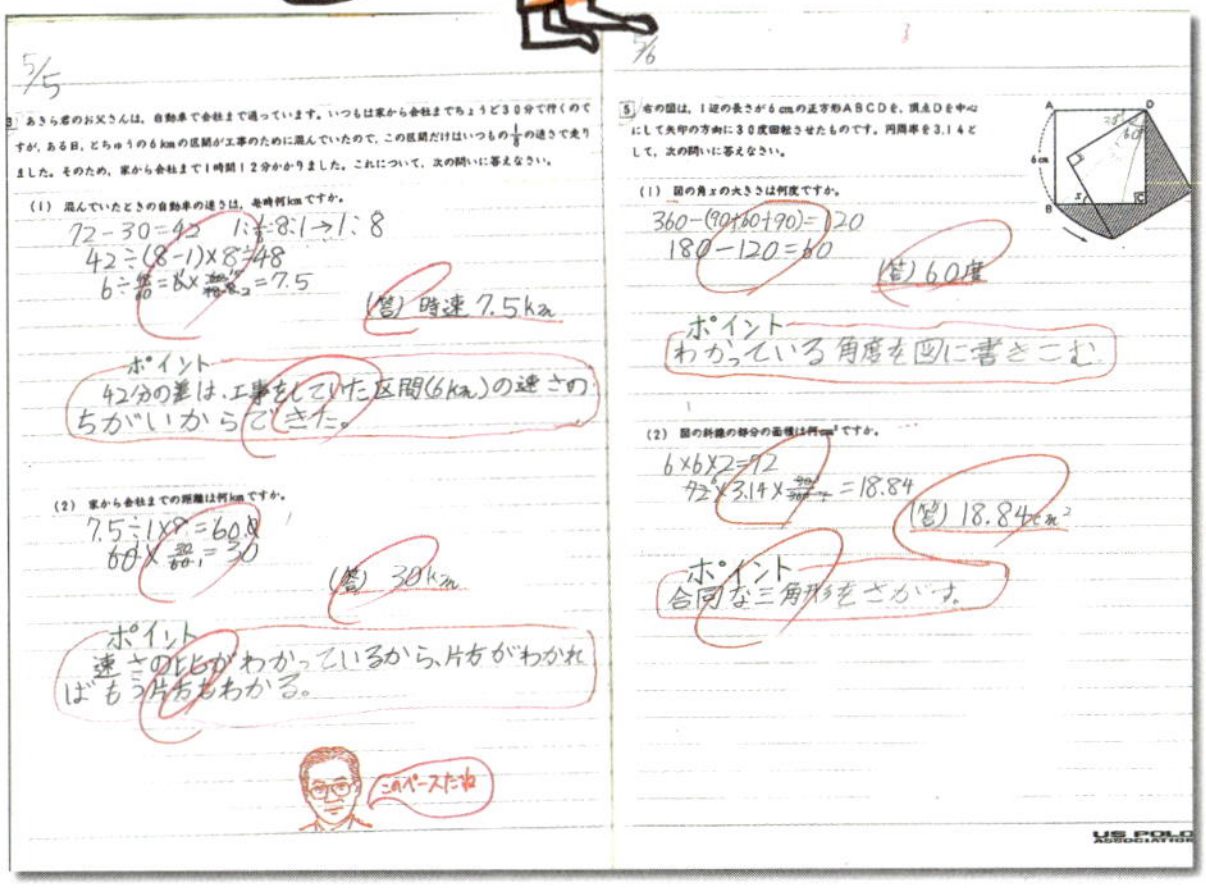

自省型

解いた問題に対しての振り返りが的確で復習しやすいノート

小5か6年のときの、学校の算数の演習ノート。自由課題として自分で選んだ問題を解いて、それを学校に提出していたものだという。解いた問題について、自分なりに気づいたポイントを的確に書いている。行間の取り方や、余白の取り方も適切で、見やすい。

Takahama's History 4

浪人、大学時代。試行錯誤した全てのことをやりつくした

高校卒業後は勉強がまったく身に入らず、予備校に籍は置いていたものの、アルバイトをしたり、朝からパチンコ屋に並んで、昼からは雀荘という日々。ちょっとした弾みで傷害事件を起こしてしまい、家庭裁判所の世話にもなった。二浪してふと気づいたら、まわりの友達は全員、進学が決まっていた。

さすがに危機感を覚え、三浪目は心改めて上京。これまで漠然と描いていた医学部進学から、目標を東大に変えて、とにかく必死で勉強した。

その努力が実り、無事に東大合格。だが、マジメな学生生活を送るはずだった私に、ロンドン帰りの中学時代の同級生のひと言が効いた。

「世界は広いんだぜ。勉強ばかりしてどうするの。人生を充実させることが大事だろ?」

それから、私たちは「高田馬場クリエイティブ・クラブ」というグループを作り、仲間たちと次から次へと感動的なもの、おもしろいものを探す日々を過ごした。絵画、写真、ギター、映画、本、落語、囲碁、ボーリングなど、いくつかのブームはあったものの、「銀座の画廊を全部回ろう」「たくさん映画を観て感想を言い合おう」「ニューヨークで路上ライブをやってみよう」などと言っては、とことん本気で取り組んだ。まさに、感動をむさぼっていたのだ。

だけど、仲間と「おもしろいこと」に夢中になるのも、3年を過ぎると、ただ日々を消費しているだけに感じるようになった。それから、生活を一変。外界からの刺激を一切なくして、哲学に没頭する日々を送るようになった。早朝の牛乳配達のバイトと夕方の10キロのジョギング以外は、日中は部屋の中にこもって、「人は何のために生きるのか?」「なぜ学ぶのか?」など、ただひたすら考えていた。そして、友人とその答えをぶつけ合った。

左端が私。アパートの一室で、仲間とこんなバカげたことをして楽しんでいた。ちなみにギターは音を出していないし、歌ってもいない。RCサクセションを流してマネしているだけ。

西湖の湖畔でのスケッチ（左端）。友人が奏でる三味線と絵画の芸術的な（？）コラボ

友人たちのバンドに呼ばれて、一時的に参加したときのスナップ（右端）

「お父さんは今日も帰りが遅いねえ……」「日曜日の約束も当てにならないかもよ」
普段何気なくお母さんが子どもと交わしている言葉。取り立てて気にするほどの会話ではないと思う人もいるでしょう。けれども、この会話の陰には、現在のお母さんたちが抱える子育ての大変さが見え隠れしています。

お母さんへのメッセージ1

子育てって大変！ なんだかしんどいなぁ……

お母さん、孤独な子育てをしていませんか？

花まる学習会を立ち上げて19年。その間にたくさんの子どもとお母さんに出会いました。どのお母さんも愛するわが子のために、一生懸命頑張っています。でも、一方で、子育てのすべてを任せられ、ちょっとしんどそう……。

その要因は、現在の家族のあり方にあると私は考えます。昔はひとつ屋根の下に祖父母や大勢のきょうだいが暮らし、おせっかいだけど面倒見のいい近所のおじさん、おばさんのいる地域社会で子育てをしていました。多少の煩わしさはあったにせよ、これらの共同体が、母親となった女性を支えるシステムとして有効に機能していたのです。

ところが、戦後の社会再編や核家族化が進んだ結果、子育てにおける母親の負担はぐんと増えました。地域社会から孤立し、孤独な子育てをしている人も少なくありません。

このような状況におかれているお母さんを、私は「孤母《こぼ》」と名付けました。けれども、当のお母さんたちは、自分のおかれている状況を「孤独」とは気づきません。なぜなら、今、子育て中のお母さんたちは、自分自身がそういう家庭で育ってきた「孤母二世」だからです。

また、子どもの頃から勉強をひたすら頑張ってきた世代であり、だからこそ、子育ても頑張らなければいけないと思っています。

ところが、子どもが相手の子育ては、一筋縄ではいかないことばかり。「こんなときどうし

子育ては私の役目。きちんと育てなければ……
そう思い込んでいませんか？
でも、そんなに気を張っていては、疲れてしまいます。
子どもにとってお母さんは、一番の存在。
だからこそ、お母さんにはいつも笑顔でいてほしいのです。

たらいいの？」と誰かに相談したいけれど、気軽に相談できる相手が見つかりません。せめて、夫に話を聞いてもらおうと、遅い帰宅を待つけれど、仕事で疲れた夫は、聞いているのか聞いていないのか……。そのうち、言ってもムダと悟り、お母さんと子どもだけのカプセルを形成してしまうのです。

　このカプセル内での子育てでは、しばしば歪んだ親子関係を築いてしまいます。そう聞くと、なんだかおどろおどろしい印象を受けるかと思いますが、たとえば、子どもを叱るとき、はじめはそのことだけを注意するつもりだったのに、言うことを聞かない子どもに苛立ち、感情を抑えきれなくなってしまったり、きょうだいの上の子だけに厳しくしてしまったり、上の子と下の子を比べてしまったり……。これらの振る舞いは、その加減の大小はあるにせよ、お母さん自身に覚えがあるのではないでしょうか。

　だからといって、お母さんを責めるわけではありません。なぜなら、お母さんたちをこのような状況においてしまったのは、社会全体の責任だからです。しかし、今の子育てを昔のように戻すのは、現実的には難しい。ならば、お母さん自身が変わるしかないのです。

　閉ざされたカプセルは、外気を入れることで空気の流れが変わってきます。たとえば、同じ境遇にいるお母さんと積極的に友達になったり、仕事をしたり、ボランティア活動に参加してみたりするなど、その方法はいろいろあります。そこで、「うちも同じよ」と共感してくれるママ友や、「小学生のうちは心配することないわよ」と語ってくれる先輩ママ、「男っていうのはこういう生き物なんですよ」と教えてくれる職場の男性や友人がいるだけで、子育てはずっと楽になるはずです。

　大切なのは、頑張りすぎないこと。お母さんの笑顔が、子どもにとっては一番のごほうび。お母さんの笑顔を見て、子どもは安心し、外の世界へ飛び立って行けるようになるのです。

子育ては思い通りにならないもの お母さんの頑張りだけでは解決できない

お母さんへのメッセージ❷

同性だからこそ要注意!

母×娘の同一視

お母さんにとって娘の存在は、相談相手にも愚痴の話し相手にもなる同志のような存在。ときには、同性だからこそ、厳しい対応をしてしまうことも……。ここでは、母と娘の関係の問題点をさぐっていきます。

「あなたは私と同じ女だから、この気持ちがわかるでしょ?」

そんな思いをよりどころに、つい自分と娘を同一視してしまうお母さん、いませんか?

自分の価値観を押しつけて、必要以上にしつけを厳しくしたり、行動を監視したり、というのも母と娘の関係によくあります。また、お父さんの愚痴につき合わされるのも、たいてい娘。

父親への愚痴を話すお母さんと聞いている娘は、一見、仲良し親子のように見えますが、娘にとっては重いだけ。父親への愚痴を聞かされていくうちに、「お父さんはダメな人」と尊敬の念を持てなくなってしまったり、「結婚ってなんだか大変そうだなあ。女って損だよな」なんて悲観的に思うようになってしまったら……。

また、お母さんの「娘は同性だからわかってくれる」という思い込みは、ときに家族のバランスを崩します。たとえば、お姉ちゃんと弟のきょうだいの場合、同じことをしてもお姉ちゃんだけをきつく叱ってしまうのはよくあるパターン。または、下の子ばかりに手をかけ、「お姉ちゃんは放っておいても大丈夫」なんて勝手に思ってはいませんか?

こうしたきょうだいに対しての対応の違いは、実は子どもに深い傷を与えます。小学生の子どもなら、「お母さんがかまってくれないのは、私が悪い子だからなんだ」とか「お母さんは

私のことが嫌いなんだ」と思い込み、悲しんだり、無理にいい子を演じてしまったり、逆にききわけのないことをしたりして、親に自分の存在をアピールすることもあります。

もし、その兆候に気づいたら、早い段階で対応してあげてください。私がおすすめしているのは、ズバリ、「一人っ子作戦」。

お姉ちゃんだけちょっと遅く寝かせて、ほんの数分でもしっかり抱きしめてあげたり、話を聞いてあげたり。また週末、お姉ちゃんだけ連れて買い物に行ってみたり。親の愛情を一身に受ける一人っ子のような経験をさせて、「私もお母さんから好かれているんだ」ということをしっかり認識させてあげます。

この方法はとても効果があるので、娘に限らず、きょうだいの誰かが「かまってオーラ」を出しているようなら、やってみてください。

また、母と娘の関係は、娘が思春期になったとき、どう対応を変えていくかが、将来の分かれ道となります。この時期になると、娘も親から離れ、友達との関係を大切にしたいと思います。そうした時期にも娘にべったりくっつき、自分と同一視している関係は要注意。娘の自立を阻害してしまうこともあります。

そうならないためにも、お母さんは娘をいつまでも自分の気持ちを分かってくれる分身と思い込むのではなく、一人の女性として認めてあげましょう。

女性は元来、おしゃべりが大好きです。だからといって、愚痴を聞いてもらうのではなく、同じ女性である先輩として、本音で話してあげませんか。

とくに女の子は恋バナが大好きです。たとえば「お母さんは、お父さんと結婚する前に三人の男の人と付き合ったのよ。でも、一番冴《さ》えないお父さんが一番やさしかったの」とか、「お父さん、ああ見えて昔はイケメンだったんだから!」といったお母さんのリアルな恋バナは、娘には興味津々のはず。

そうやって、お母さんが本音を話すことで、母と娘の関係は心地よいものに変わっていきます。そして、娘自身が母親になって、子育てにいき詰まったときに、「お母さん、こういうとき、どうしてた?」と聞かれたら、人生の先輩としてアドバイスをしてあげましょう。

「同性だからわかるでしょ?」は ときに娘の心を重くしていることも

同性である娘を同一視してしまう一方で、お母さんにとって「?」がいっぱいになってしまうのが、息子です。

まず、どうしてひとときもじっとしていられないのか。その半面、自分にとって興味のあるものならアリの行列でも、電車のカードでも一時間でも二時間でも飽きることなく見ていることができる。こうした不可解な行動は、お母さんをしばしばイライラさせます。そして、「男の子ってわからない!」と途方にくれてしまうのです。

でも、それもそのはず。そもそも男と女は別の生き物であって、わかり合えないものなのです。それは、夫婦間においても言えることではありませんか? この「わからなさ」は、男の子に対しても同じです。お母さんからすれば、男の子は「異性」&「子ども」ですから、さらにわからないのは当然。だから、「息子は自分とはまったく違う生き物なんだ」と思っていればいいのです。そうすれば、男の子の子育てはずっと楽になるでしょう。

お母さんへのメッセージ❸

男の子ってわからない!
母×息子の無理解

わからないことが多いけど、母親にとってはとってもかわいい存在、それが息子です。どこか頼りないから手を出したくなるけど、いつかは子離れしなければなりません。母と息子の関係のポイントを考えていきます。

しかし、子育てに一生懸命なお母さんたちは、そうやって気楽に考えることができません。たとえば、自分に弟がいたり、甥っ子をかわいがったりした経験がある人なら、多少は理解できるかもしれませんが、ほとんどのお母さんは、男の子という存在が未経験。しかも、同じ男であるお父さんが不在がちで、相談できる人もいない。こうした状況の中での子育ては、母親の価値観に従った男の子を育ててしまいます。

男というのは、元来、戦いが好きな生き物です。男の子が「たたかいごっこ」に夢中になるのは、男としての本能でもあるのです。ところが、男のこうした性質を理解できないお母さんは、「ひとを傷つけるまねごとなんて……」と否定的に見てしまいます。ケンカもそう。「暴力は悪」と教えられて育ったお母さんからしてみれば、「とんでもないこと」なのです。

けれども、男の子同士のケンカというのは、力の戦いであっても、それが終わるとたいてい仲良くなります。ケンカをして相手を叩けば、相手の肌が赤く腫れるし、自分の手にも嫌な感触が残る。こうした経験を通じて、人の痛みが

わかる子になっていく。つまり「もめごとはこやし」なのです。

世の中はきれいごとばかりではありません。子どもの社会に、ケンカやいじめなどは「いつもあるもの」なのです。無理に真理をねじ曲げて「暴力は絶対にダメ」というお母さんの理想論を押しつけても、実際に直面したときに、困るのは息子さんです。

男の子の子育ては、「無理解」で「未経験」のため、お母さんにとっては一筋縄ではいかないことが多いでしょう。けれども、たいていのお母さんは、なんだかんだ言いながら、異性である男の子がかわいいと思えてしまうのではないでしょうか。だからつい世話を焼きたくなってしまう。同じ歳の女の子に比べて、成長が遅い男の子はどこか頼りなく見え、つい口出しをしたり、手を貸してしまいます。

けれども、思春期近くになっても、こうした干渉がいつまでも続いていると、お母さんがいなければ何もできないひ弱な子になってしまいます。今、世の中で深刻化している引きこもりやニートのほとんどが男性というのは、こうした母と息子の関係が影響を与えているように思えてなりません。

子育ての最終目的は、子どもを自立させることです。ところが、「母子カプセル」のやさしさの中で育った男の子は、ちょっとうまくいかないことがあっただけで、心がポキッと折れてしまう。そうならないためにも、「男とはこういう生き物なんだ」「だからこそいろいろな経験をさせるんだ」と一歩引いて、子どもの成長を見守ってあげましょう。

男と女は違う生き物。だから、お母さんの価値観を押しつけないで

お父さんへのメッセージ

不在がちでもできる 子育てにおける父親の役割とは？

ひと昔前より、育児に参加するお父さんはだいぶ増えてきました。とはいえ、お母さんの負担から比べればお父さんは、まだまだ頑張ってほしい。お母さんを支えることも、お父さんの大事な役割です。

現代のお母さんたちが抱えている孤独な育児。その一番の要因は、父親の不在でしょう。今のお父さんたちは、家庭にいる時間が圧倒的に少ない。でも、それは現在の日本の労働環境では、ある意味、仕方がないことかもしれません。

それでも最近は、お父さんたちの意識が変わり、学校行事などにも積極的に参加する姿が見られるようになりました。とはいえ、幼稚園や小学校のPTA活動が、今でも平日の昼間に行われているように、子育ては、やはりお母さんの負担が大きいことに変わりはありません。

ならば、お父さんはどうやって子育てに関わっていけばよいのか？　それは、頑張っているお母さんを支えてあげることです。具体的には、お母さんの話を聞いてあげてください。

朝から夜遅くまで、仕事に全力を使い果たし、家では休息モードになりたいのは十分わかりますが、お母さんだって日中は、子育てに、家事にてんてこまいなのです。子どものことで話したいことだっていっぱいあります。

女性のおしゃべりというのは、ともすると男性には退屈なもの。「ウチの○○、今日学校でね……」とわが子の話ならともかく、「○○くん、水泳始めたんだってよ」とか、よその子どもの話までしてくる。お父さんにしてみれば、疲れているときにそんな話をされても、「だから何？」という感じでしょう。しかし、そういう態度がお母さんを傷つけてしまうのです。

男性は論理的に説明をしたり、結論を先に出してから本題に入るといった会話を好みますが、女性のおしゃべりは、共感してほしいだけであって、必ずしも答えを求めているわけではないのです。だから「へー、そうなんだ」と相づちを打つだけでもいい。たったこれだけでも、お母さんの心を軽くすることができます。そうすれば、お母さんは「一人で子育てをしているんじゃないんだ」と安心し、子どもの前で笑顔でいることができます。

では、お父さんが子どもにできることは何か？　それは社会の厳しさを教えてあげることです。母と子どもの空間は、やさしさで満ちている半面、現実を直視する機会が少ない。だからこそ、外で頑張っているお父さんの姿を、子どもに見せてあげてほしいのです。仕事場を見せるのが難しければ、現実社会の厳しさを知るお父さんが、お父さんの言葉で、それを子どもに教えてあげてください。

男と女の性質が違うのなら、同じ子育てをするのでも、父親と母親はその役割が違っていていいのです。ただし、共に子どもを育てているパートナーである夫婦の意思統一はしておきましょう。子どもの年齢が上がるにつれ、親は「手を掛ける」から「見守り」へと変えていくべきですが、「ここから先はダメなものはダメ」という親の確固たる基準を見せることも大事です。そのためには、一にも二にも、夫婦のコミュニケーションが大切なのです。

お母さんが笑顔でいられることをサポートするのが父親の最大の仕事

「芸術か？教育か？」で迷った挙げ句、教育の道へ

ひたすら考えた「哲学時代」を経て、たどり着いた答えが「人は人とつながり、感動するために生きている」。そして、自分が目指すべき道は、「芸術」か「教育」に絞られていった。

31歳まで大学院にいた私は、塾のバイト講師として、そこそこ稼いでいた。自分が教えると不登校の子が元に戻ったり、成績が上がったり、ということを繰り返すうちに、「自分はこの仕事に向いている」と思うようになった。

ターニングポイントとなったのは、院生最後の夏。短期のアルバイトで、幼稚園のお泊まり保育を手伝った。「やる気満々の〝マンマン〟で〜す！」と大声を上げ、子どもといっしょに歌って踊って走って遊びぬいた。そのとき、幼い子どもたちの心の清さにノックアウトされたのだ。

あれは昼食のとき。木陰で子どもたちにお弁当を食べさせていたら、ある子どもが「ねえマンマン、お弁当ないの？」と聞いてきた。スタッフは後で食べることになっていたが、「うん、ないんだよ」としょんぼり答えると、「じゃあ、これあげる」と何人もの子どもたちが、自分のおかずを持ってきてくれた。そのときの子どもたちの優しさといったら……。

学生時代、何百本もの映画を観てきたけれど、心に響く映画はいつも子どもをテーマにしたものだったことを思い出した。その瞬間、自分の方向性が定まった。子どもたちと向き合っていこう。

中高生に勉強を教えていたとき、伸びない子の共通点を見つけた。指示をすれば何でも素直にやるのに、自分から学ぼうという意欲がない。それは多分、幼いときにとことん遊んだ経験がないからだ。「生きる力」をつけるには、10歳までの感動体験が大事。そう確信した私は、「10歳までの教育」にこだわったオリジナル学習塾「花まる勉強会（のちに「学習会」に改名）」を立ち上げた。

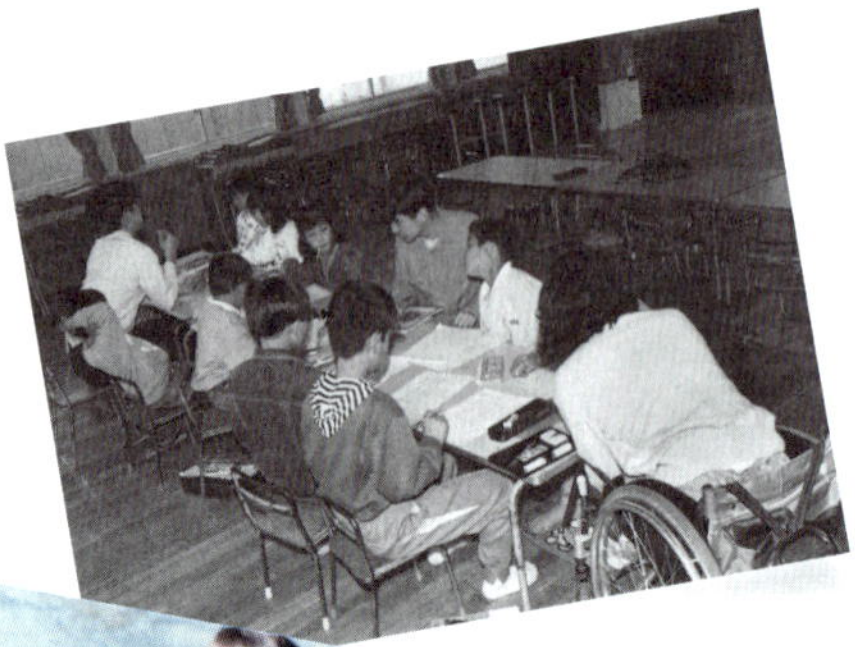

花まる勉強会創立時の写真（上）。左奥が私。
下はお泊まり保育のマンマン時代。

{第5章}

中学受験に 向く子、向かない子

{第5章}

中学受験に向く子、向かない子

1

中学受験に向く子、向かない子っている？

一般に小4からスタートすると言われる中学受験。「まわりがみんなするから」と流される前に、お子さんのタイプや成長の度合いを見て判断しましょう。

中学受験をするには、新4年生（3年生の2月）から通塾するのが一般的と言われています。「そんな早い時期から決断できない」という家庭でも、とりあえず塾にだけは通わせてみるというケースが多く見られます。

精神的に幼い子は中学受験には不向き

けれども、受験を対象とした塾は、学校では習っていないような高度な内容を学習するため、塾に入れたはいいものの、授業についていけず、勉強に苦手意識を持ってしまう子も少なくありません。

中学受験では、子どもが追い立てられて勉強をするという一種独特な状況になります。出題範囲も膨大なため、計画的な学習が必要です。そのため親のリードが必要になりますが、子ども自身も決められたことをきちんとやれる子でなければ難しいでしょう。

中学受験は、思考力を問う良問が多いので、向いている子がいい先生に教われば、学力は飛躍的に伸びます。逆に合わない子を受験塾に通わせても、かえって伸びる芽を摘んでしまいます。「まわりがみんな受験をするから」など、周囲の情報に振り回されず、お子さんのタイプや成長の度合いを見ながら、冷静に判断しましょう。

では、具体的にどんな子が向いているのか？　それは、頭の善し悪しというよりも、成長の発達段階における個々の能力の差が大きく影響します。中学受験は、短時間に多くのことをこなす情報処理能力の高さが必要とされます。しかし、なかにはゆっくりと時間を

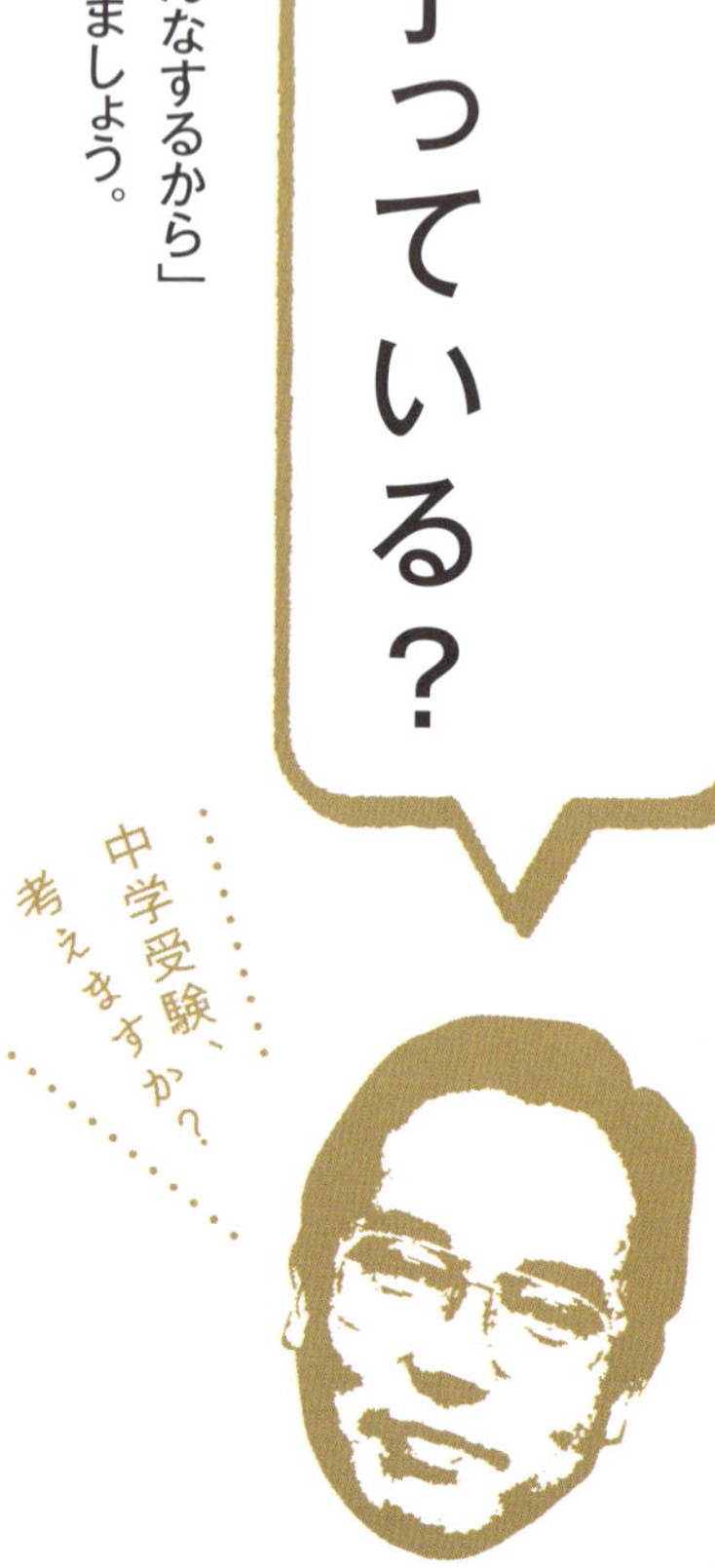

中学受験に向かない子

- 落ち着いて机に座っているのが苦手
- 人の話を最後まで聞くことができない
- 学校の勉強でわからないものが多くある子
- 精神的に年齢より幼い感じの子
- 勉強のスケジュールが自分で立てられない
- どちらかというと、消極的
- 人と競うことがあまり好きでない

中学受験に向く子

- 落ち着いて机に座っていることができる
- 人の話をきちんと聞くことができる
- 学校の成績が平均以上ある子
- 情緒面で成熟したちょっと「大人っぽい子」
- 主体性があり、自分で計画を立てることができる
- どちらかというと、積極的
- 人と競い合うのが苦にならない

右の項目に当てはまる数が多ければ、とりあえず心配はなさそう。
逆にあまりにも少なかったり、左の項目に当てはまる数が多ければ、中学受験には向いてないかも。

かけて学力を身につけていくタイプの子もいます。そういう子にとって、受験のための勉強は、明らかにキャパシティーを超えてしまいます。

また、国語の読解問題などは、ある程度は情緒面で成熟した〝大人っぽい子〟でないと、解くのは難しいでしょう。たとえば、国語のテストで、「空一面に広がる朝焼けに出合って、突然涙があふれてきた」というような場面があったとします。精神的に大人っぽい子なら、そのときの主人公の気持ちに寄り添うことができますが、幼い子だと「えっ、なんで?」とまったく理解できません。

とくに小学生のうちは、男女間で精神的発達の差があり、発達が遅い男の子はこの手の問題が苦手です。精神的にまだ幼い段階にいる子どもを塾に入れ、型にはめて勉強をさせても、個性をつぶしてしまうのでは元も子もありません。

やる気スイッチが入れば子どもの学力は伸びる

だからといって、はなからあきらめる必要もありません。たとえば、男の子は元来、勝負ごとが好きですから、ライバルを見つけた途端、「負けたくない!」という気持ちから学力が伸びることもありますし、女の子は「あの学校の制服が着たい」などといった憧れから頑張るケースもあります。また、何かひとつ得意な教科があると、それが自信となってほかの教科も伸びていくケースも。

大切なのは、主体的に取り組めるかどうか。「○○中学に行きたい」という明確な目標があれば一番理想ですが、行きたい学校が絞りきれなくても、「中学生になったら○○をしたい」などといった目標があれば、子どもの学習意欲が上がり、学力の伸びにつながっていきます。

早熟な子が有利な中学受験。
子どものタイプを見て冷静な判断を!

第5章

中学受験に向く子、向かない子

2

子どもを伸ばす、賢い塾の使い方とは？

塾選びのポイントは、〝無理をしないこと〟。子どもが自信を持って勉強できる環境か、家族に負担がないかなど、しっかり話し合ってから決めましょう。

子どもが4年生頃になると、中学受験という明確な目的がなくても、「塾に入れるかどうか」で悩む家庭は少なくありません。しかし、一口に塾と言っても、その内容や形態はさまざま。学校の勉強の手助けをする補習塾からハードなカリキュラムの中学受験専門塾、個別あるいは少人数でアットホームに教える個人塾など幅広くあります。「塾に入れておけば、とりあえず学力は伸びるはず」と安易に考えず、「何のために入れるか」を明確にしておきましょう。

また同じ塾でも、教える先生によって教室の雰囲気ががらりと変わります。塾に入れる前には、親が必ず授業を見学をし、体験教室に入れて、子どもに合っているかどうかチェックした方がいいでしょう。

家族で過ごす時間や子どもの負担も考えて

中学受験をするなら、新4年生（3年生の冬）から通塾するのが一般的です。というのは、ほとんどの大手受験塾が、4～6年生でカリキュラムを組んでいるからです。

子どもが受験塾へ通い出すと、家庭生活が一変します。家庭方針にもよりますが、子どもの外出が何時までならいいか、また共働きなら、お迎えや塾弁をどこまで対応できるかなど、家族できちんと話し合った方がいいでしょう。

授業の開始時間は、塾によっても違いますが、だいたい夕方5時前後。終了時間は7時30分～9時頃までと幅が広く、お弁当が必要かどうかもまちまちです。

塾での拘束時間が短ければ、その分、家庭学習にかかる時間が多くなり、逆に塾で面倒を見てくれるなら、家庭での勉強時間は少なくてすみます。家庭での学習習慣がついているか、家族が子どもの勉強を見てあげられるか、そのあたりの負担も考慮すべきでしょう。

けれども、いくらいい塾でも、片道1時間以上かけて通うのは考えものです。子どもへの負担は最小限に抑えましょう。また、子どもが希望するなら、習いごとは続けた方がいいですね。長い受験生活のいい息抜きになるからです。

学力の伸び悩みはしばらく様子を見て

一口に受験塾といっても、「どの塾がどの学校に強いか」といったボリュームゾーンもさまざまです。学校選びの基準は偏差値によって決まってきます。偏差値は60以上が難関校、56以上は上位校、51以上は中堅校というように、いくつかのレベルに分かれています。塾によって、上位校以上を狙う生徒しか受け入れないところや、オールマイティに対応してくれるところ、習いごとと両立できるように個別指導をしているところなどさまざまなので、子どもの学力や生活スタイルに合った塾を選びましょう。

合格実績を見て、「この塾に入れさえすれば、うちの子も」と期待する親もいますが、難関校に強い塾は、成績上位の子にとってはやりがいがありますが、そうでない子を入れても消化不良を起こすだけです。無理をして成績が下位でいるよりも、子どもの実力を見定め、子どもが自信を持って勉強できる塾を選びましょう。

塾に入れると、親は子どもの成績に一喜一憂しがちです。けれども、長い受験生活の中では、山あり谷ありはよくあること。

学力が伸びないときは、転塾した方がいいのか、もう少し様子を見た方がいいか親は悩みますが、それを見極めるのは難しいものです。集団塾の場合、おとなしい子は質問ができず、わからないままになってしまうことがあります。個別指導に変えてみたら、自分のペースで勉強ができるようになり、結果、成績が伸びたというケースもありますので、子どもに合った塾が見つかれば、転塾を考えてもいいかもしれません。また、「最近、子どもの元気がない」「つらそうだ」など、無理を感じるようになったら、受験自体を辞めるという選択もあります。

塾に通わせるときの3ステップ

塾に行く前の事前チェック

受験塾か補習塾か、集団塾か個別指導塾かなど、塾の内容や形態を把握し、目的にあった塾を探す。気になる塾が見つかったら、親が見学をし、子どもに体験授業を受けさせる。

塾を選ぶ

授業の開始時間、終了時間、お弁当の有無など、無理のない通塾ができるか検討する。どんなにいい塾でも、片道1時間以上かけて通うのは、子どもにとって負担なのでNG。

様子を見る

成績が伸び悩んでいるときは、苦手の原因を探り、苦手を集中ケアする。それでも克服できない場合は、子どもに塾が合っていないことも。しばらく様子を見てから判断しよう。

塾によって授業時間割は違う

	4年生	5年生	6年生
四谷大塚	週3日　計6時間40分 2時間30分が2日、1時間40分が1日	週3日　計10時間40分 3時間30分が2日、3時間40分が1日	週4日　計14時間40分 3時間30分が2日、3時間40分が1日、4時間が1日
市進学院	週2回　計4時間 2時間が2日	週3回 計6時間 2時間が3日	週4回 計9時間 2時間が3日、土曜のみ3時間
サピックス	週2回　計6時間 各3時間	週3回　計9時間 各3時間	週3回　計13時間 4時間が2日、土曜のみ志望校別特訓で5時間

※各塾のHPを参照。2教科か4教科で選べる場合、4教科を選択。
通常の授業で、模試、オプションなどはなし。授業の開始、終了時間は各校舎で異なる

子どもにとって理想の塾は自信を持って勉強ができる塾

第5章
中学受験に向く子、向かない子

3

中学受験するときの、わが子に合う学校選び

中学受験で学校選びの主導権を持つのは、基本的に親ですが、親の価値観だけで選んでしまうのは考えもの。わが子に合った学校を選びましょう。

中学受験では、学校選びの主導権を持つのは基本的に親です。なぜなら、子どもにはどんな学校があるかわからないからです。

しかし、親自身も、数ある学校の中から子どもに合った学校を選ぶのは大変なこと。学校選びに説明会や見学は欠かせませんが、ただやみくもに訪ねてもかえって混乱してしまうことも。

たとえば私学は独自の教育理念を持っており、さまざまな面で特色を出しています。宗教的な思想、男子・女子教育、大学進学に向けた独自のカリキュラムなど、学校が持つ特色をある程度事前に知っておくといいでしょう。

最終的には子どもがいいなと思った学校を志望校に

ただし、パンフレットに書いてあることを鵜呑みにしてはいけません。ネットの情報などを信じるのもダメ。気になる学校があったら、まずは自分の足で学校説明会などに参加してみましょう。実際に学校のトップ（校長や理事長）の声を聞いて、共感できるかどうかが大事です。

学校選びの基準に教育理念の共感は欠かせませんが、校風を知るのも大切です。たとえば、「校舎がきれい」「在校生がきちんとあいさつができる」など、ささいなことでいいので、「いい感じだな」と思ったら候補に挙げておきましょう。

また、実際にその学校へ通っている子どもの親の声を聞いてみると、確かな情報が得られます。

こうしていくつかに絞り込んだら、学校の文化祭などに子どもを

わが子に合う学校選びのために親がしたいこと

親のサポートは勉強を見るだけではありません。
有名かどうかだけにとらわれない学校選びを!

文化祭などの学校行事に連れていく

中学受験では、学校選びの主導権を持つのは基本的に親なので、親が事前にある程度学校を絞り込んでから、子どもを文化祭など楽しい行事のときに連れて行く。そのとき「おもしろかった？」と尋ねてみて、その答えから子どもが気に入っている学校を推し測ってみる。

偏差値にふりまわされない

学校選びの基準となる偏差値。偏差値が高いほど難関校となるが、難関校だからといって必ずしもいい学校とは限らない。親の見栄で無理して難関校を目指すよりも、子どもに合った学校を選ぶことが大事。少しくらい偏差値が下でも、入ってから上位にいれれば、子どもに自信がつく。

学校説明会に行く

学校選びに説明会は欠かせないが、ただやみくもに行くだけでは、かえって混乱してしまうことも。たとえば私学なら、その学校の特色をある程度知ったうえで、説明会に足を運び、トップの声を聞く。そのとき、校舎の中や在校生の様子が見られるのであれば、チェックをする。

実際にその学校に通っている子どもの親の話を聞く

受験生の親子は、学校説明会や学校行事などの特別な日以外は、学校の様子を知ることができない。もし知り合いに、実際にその学校へ通っている子どもがいれば、その親に学校の様子を聞いてみよう。親目線の生きた情報が得られるかもしれない。

連れて行ってみましょう。そうすれば、だいたい子どもは気に入ります。子どもは行ったところは好きになるものなんです。

文化祭などの学校行事は、5年生ごろに行くといいでしょう。憧れの学校ができれば、受験勉強の励みになるからです。長い受験生活の中では、成績の浮き沈みもあると思いますが、子どもが「行きたい」と言った学校は、できるだけ最後まで第一希望にしておきましょう。

中学受験は合格がゴールではない

中学受験は、最終的にテストの合否によって学校が決まります。「とにかく合格させたい！」という親の気持ちはわかりますが、「合格だけすればいい」と考えて勉強した子は、入学後に伸び悩みが見られることがあります。とくに難関校に補欠合格した子が伸び悩むことは、かなりの確率であります。

小学校ではトップクラスの子でも私立中はできる子ばかり。高校も含めて6年間、底辺から浮き上がれないケースも多いのです。そうすると、「自分はできないんだ……」というマイナス意識だけが植え付けられ、伸びる芽も伸びなくなってしまいます。しかし、あきらめず、ごまかしのない勉強をしてきた子は、きっと後伸びします。

理想としては、お子さんが入学後、上位になれる学校がいいでしょう。自信を持って勉強できることが、その後の学力の伸びにつながってくるからです。

ところが、親は「あと偏差値5あれば、○○中学へ行ける」と考えてしまう。子どもにとって何がいいのかをしっかり考えること。入学後、子どもがいきいきと過ごせる学校かどうかを見極めることが、学校選びのポイントです。

学校選びのポイントは、入学後、子どもが楽しく通えるかどうか

第5章
中学受験に向く子、向かない子

4

受験直前になったら、親はここに気をつけて！

入試直前の12月から2月は、親も子も不安でいっぱいでしょう。けれども、この時期の親の行動が、実は受験成功のカギを握っているのです。

入試直前の12月から2月にかけては、受験をする子どもはもちろん、それを支えてきた親も心穏やかではいられないでしょう。しかし、不安や焦りが募るこの時期こそ、親がおおらかな気持ちでいることが大事です。

焦る気持ちを抑え、子どもの前ではできるだけ平常心を保つ。精神面での忍耐に加え、学習面や健康面ではしっかりサポートしなければなりません。本番までの2カ月間は、まさに親にとっても正念場といってもいいでしょう。

苦手を把握し、克服することが自信につながる

12月の最終模試は、志望校選びの指標として、その結果が気になるところです。この模試で思うような成績が出なかったりすると、親は焦りから子どもができないところばかりに目が行ってしまい、「どうしてこんなところを間違えるの」と、つい不満をぶつけてしまいがちです。

けれども、こういった親のひとことが原因で、子どもが自信をなく

12月

シチュエーション別
親がやるべきこと、やってはいけないこと

ごめんなさい…
ここもここも
できてないわ。
また偏差値が
下がっちゃったわね

最後の模試結果が出て…

できないところばかり責めると子どもは自信をなくしてしまう

よかれと思って問題点を指摘しても、そればかりだと子どもは「自分はもうダメなんだ……」と自信が持てなくなり、さらにはやる気をなくしてしまう心配が。受験直前のこの時期は、結果を責めるよりも、具体的に何をしたらよいかアドバイスをしてあげて。

冬休みで勉強追い込み中…

総仕上げには
この問題集が
すごくいいって
聞いたの！
買ってきたから
やってみて
え…
今やってる問題集
だけで大変なのに…

この時期に手を広げすぎるのは危険！

冬休みに入って多少時間ができたからと言って、新しい問題集を次々と与えるなど、過剰な勉強量を強いるのは、子どもに負担をかけるだけ。これまでやってきた問題集や、模試や過去問で間違えた問題を完璧に解けるようにするほうが、効果的。

し、本番で実力を発揮できなくなってしまうことがあります。受験直前に必要なのは、子どもの自信。できないところを責められるだけでは、子どもは自分で何をすればいいのかわからず、不安な気持ちだけが残ってしまいます。この時期は、子どもの弱点を見つけたら、「この分野だけ頑張ればいいね」と教えてあげたり、「あと5点取れれば合格ラインだよ！」と具体的な数字で目標を伝えたりして、子どものモチベーションを上げる方が効果的です。

中学受験の出題範囲は膨大です。しかし、この時期に、「あれもこれもやらなきゃ」とやみくもに勉強するのは賢いやり方ではありません。残り時間を有効に使うには、苦手分野の基礎をしっかり学習しておくこと。苦手分野がなくなれば、子どもは自信を持って本番にのぞめます。

1月に入ると、関西圏や千葉、

1月

シチュエーション別
親がやるべきこと、やってはいけないこと

過去問に挑戦して…

終わったから
採点してー
どれどれ…。
うーん。
この点数だと
合格ライン
ぎりぎりね

前向きな声かけで子どものやる気を上げて

過去問を採点してあげたら、点数だけで判断せず、「合格最低点は取れているから、あとはこの問題ができれば万全だね」と子どもを安心させ、「ここは間違えちゃったけど、ここはできるようになったね」と成長を見つけてあげると、子どもは前向きな気持ちになる。

お試し受験で不合格…

あんなに
がんばってたのに
落ちちゃったのね…。
運が悪かったのよ…
ごめんねママ。
次はがんばる

なぐさめの言葉よりできなかった問題の解き直しを

不合格だった子どもにとって、親から同情的になぐさめられてもつらいだけ。それより「ここがわからなかったんだね」と、できなかったところを明確にし、具体的な対策を教えてあげて。できなかった問題の解き直しをさせて、できるようになると自信にもつながる。

埼玉で入試が始まります。首都圏の受験生にとっては、本番前のお試し受験というケースが多いですが、たとえ安全校だとしても、精神的にまだ不安定な12歳の子どもです。必ずしも本番ですべての力が発揮できるとは限りません。

万が一、不合格でも「今回はたまたま調子が悪かっただけだよ」といったなぐさめや、「次は絶対に頑張るのよ!」といった励ましはダメ。それよりも「計算を間違えたんだね。じゃあ、次はケアレスミスに気をつけよう」と具体的な対策を教える方が、子どもの気持ちは安定します。また、本番でできなかった問題を再度やらせてみて解けるようになると、次への自信につながります。

子どもは親の表情に敏感 ピンチの時こそ笑顔で!

2月に入ると、首都圏はいよいよ本番です。しかし、たとえどんなに頑張っても、第一志望に合格

2月

シチュエーション別

親がやるべきこと、やってはいけないこと

がんばるのよ！
落ちたらこれまでの
努力が無駄に
なっちゃうんだから！
う、うん…。
がんばってくる…

第一志望校受験の朝

励ましのつもりがプレッシャーになることも

試験前で緊張しているときに、親の力が入りすぎてしまうと、子どもにはプレッシャーになるもの。できるだけ親自身も冷静になって。

不合格が続いてしまって…

また不合格…。
ママがもっと
しっかりしてれば
よかったのよ。
ママが悪いの…
ママごめん…。
僕がちゃんと
できなかったからだ…

落ち込んだ姿を子どもに見せるのは最大のNG！

自分の不合格で親が落ち込んでいる姿を見ることほど、子どもにとってつらいことはない。万が一不合格続きでも、「不合格もいい経験」と割り切り、最終的にどんな結果になっても、「受験してよかったね」と言えるよう心掛けておきたい。

できるという保証はないのが中学受験。万が一のことを考えて、終了までの合否シミュレーションを考えておくといいでしょう。ただし、そのときに、親が落ち込んだり、あわてたりしないこと。

子どもは親の表情をよく見ています。お母さんが自分の不合格で暗い顔をしていたり、イライラしていたりすると、子どもは自信を失い、最後まであきらめずに頑張ることができなくなってしまいます。こんなときこそ、お母さんは笑顔を忘れないで！

そして、どんな結果になっても、これまで頑張ってきた子どもの努力を認めてあげましょう。子どもは親の喜ぶ顔が見たくて、頑張ってきたのです。万が一、不合格が続いてしまっても、「これもいい経験」と割り切り、前へ進めるようにしてあげてください。中学受験は人生のゴールではないのですから！

本番に実力を発揮させるには、直前期の親の接し方がカギになる

第5章

中学受験に向く子、向かない子

5 地元の公立中に行っても、中学受験組に負けないために

「中学受験は大学進学に有利」と思い込んでいませんか？　地元の公立中でも、勉強のやり方次第で、私立中に負けない学力を発揮することができるんです。

さて、これまで中学受験について書いてきましたが、私個人としては、受験をした方がいいと推めているわけではありません。地元の公立中学に行って伸びる子もたくさんいますし、受験してせっかく入った中学でも、まわりのレベルが高すぎて自信を失ってしまう子もいます。

ただ、地元の公立中学と私立中高一貫校では、授業時間や学習の進め方に大きな違いがあるのは確かです。公立中学の学習進度は、中学3年時点で私立中学と比べておよそ1年は遅れると思っていいでしょう。けれども、そのこと自体が決定的なマイナスになるわけではありません。公立中学に通う子でも、勉強のやり方次第で、高校や大学の時点で私立組に追いつくことはできます。

地元の公立中学の上位の生徒で、「学んだことは全部わかる」という経験をしている子と、私立に受かったがわからないことだらけ、入学してからの先取り学習も難しいと感じている子とでは、前者の方が自己肯定感は強く、後伸

びもします。

大事なのは、わからないことをそのままにせず、必ず復習をするなど、ずるをしないで勉強をすること。その習慣が身についていれば、その先、私立組に負けない力を発揮していけるでしょう。

高校受験だけでなく その先に伸びる学習を

具体的な高校受験では、公立高校志望であれば、中間・期末テストでしっかり結果を出しているようであれば大丈夫です。しかし、私立の難関校を狙うのであれば、少なくとも中2の後半からは塾に行った方がいいですね。なぜなら、公立高校の入試問題と質がまったく違うからです。

また、塾に行かずに自分で勉強をしていると、自己流の勉強になりがちです。特に数学は筋のいい勉強をしておかないと、力を積み上げていくことができません。

筋のいい勉強とは、たとえば公式を使って問題を解く中でも、数学世界のおもしろさを伝えてくれるような先生の教えを受けること。こうしたおもしろさを知っている子は、高校受験だけでなく、その先も大きく伸びていきます。中学から通塾をはじめる際には、どんな考え方を持って教えている塾かを見極め、塾選びをしましょう。

地元の公立中学に通うと、高校受験はあっという間に来ます。だからといって、勉強ばかりするのではなく、ぜひ部活も頑張ってほしいですね。スポーツでも音楽でも、何か得意なことがひとつあると、それが自信につながります。また、部活動で培われる集中力や忍耐力などといった力は、受験のみならず、生きるうえでも必要とされる大切な力です。さらに、この時期に、人生の師匠や憧れの先輩に出会えると、より豊かな中学生活が送れることでしょう。

わからないことをそのままにしない学習をすれば、私立か公立かは関係なし

今でも何より好きなのは子どもと接する時間

花まる学習会のスタートは、埼玉県の川口ふたば幼稚園。そこの園長先生が、お泊まり保育の夜の懇親会に参加していた、一アルバイトの私の話に共感してくれ、「それなら、まずはうちでやってみなさい」と言ってくれたのだ。けれども、その次の幼稚園が見つからなかった。いわゆる「営業」の電話を片っ端からかけてみても、話の核心に入る前に切られてしまう。現実は厳しかった。そんな私を見かねて、その園長が、ある幼稚園を紹介してくれた。その卒園生が花まる第一期生だ。

学習会を立ち上げて半年後、友人の精神科医の協力も得て、ひきこもりや不登校、発達障害のカウンセリングも始めた。「花まる」に通っていた子のお母さんたちが、子育てを語り合うサークルを作り、その活動が広がってNPO法人にもなった。

ちょうど40歳を迎えたとき、ゼロから立ち上げた塾も軌道に乗り、今後について考えるときがきた。これからは、若い人を育てていこう。それまで開発した指導や教材ノウハウ、こう生きるとよいと信じている自分なりの哲学などを、あらいざらいに伝える「高濱学級」という場を作った。

それからは、おもしろいように自分の人生がどんどんよくなっていった。得意だった算数が生かされ、オリジナル教材ができた。たくさんのお母さんと話をするうちに、講演会の機会も増えた。

また、脳性マヒの障害を持つ長男や、同じように障害を持つ子ども達やその家族が生の音楽を聴ける機会を作りたい、という思いから、「シャイニング　ハーツ　パーティー」というコンサートも始め、今年で10回目を迎える。

おかげで忙しい日々を送っているが、今でも授業はするし、毎夏、サマーキャンプでは滝つぼに飛び込む。いろいろなことに挑戦しながらも、根っこにある大切なものは、絶対に変えないと決めている。

子どもたちは新しいこと、面白いことが好き。その期待に答えられるよう、こちらも真剣だ。

子どもたちの反応を見ながら、オリジナル教材のアイディアがひらめくときも

シャイニングハーツパーティでの一コマ。隣にいるのが、長男の文太朗。

育脳の原点、遊びと野外体験！

脳にいろいろな刺激をもたらす子どもの「遊び」。
自然のおもしろさや厳しさを知り、
家族や仲間と助け合ったり、ぶつかりあったりする
「野外体験」。この二つこそ、育脳の原点です。

遊びと野外体験のススメ❶

自然の「甘くない環境」を知り、乗り越える体験が自信をつける

現代っ子はひ弱、と言われがちですが、実はそうではありません。「自分はやればできる!」という前向きな気持ちは、どんな子も持っています。

私が主宰する「花まる学習会」では、毎年夏に日本各地でサマースクールを開催しています。これは「夏期講習」のような学力強化のためのイベントではなく、自然の中で目いっぱい動き回って遊ぶ、文字通りの〝野外体験〟です。「花まる学習会」を立ち上げたのは1993年、わずか25人の生徒だけの小さな塾でした。設立当初から、このサマースクールは塾の大きな柱になっています。今でこそ、毎年多くの子どもたちに参加してもらっているサマースクールですが、当初は塾で野外体験!?と驚かれ、珍しがられました。

しかし、私には確信があったのです。それまで、高校生や大学受験生、引きこもりや不登校の子を数多く教える中で、幼少期の体験、とりわけ野外体験や遊び体験がいかに大切かということを。

合格のための受験テクニックはいつでも教えられます。しかし、「考える力」や「生きる力」など、人間の根本となるべき力を教えるのは大きくなってからでは遅い。しかも子どもが自然の中でたっぷり遊べる機会がどんどん減っているのだとしたら、その場を提供しよう! それがサマースクールをやり続けている原点です。

サマーキャンプでは、川で釣りをしたり、滝つぼに飛び込んだりと、ふだんはできない体験も豊富。はじめは怖がって躊躇していた子どもたちも、仲間の様子をみて、「自分もやってみたい!」から「自分もやってみよう!」という気持ちに変化していきます。

私は今でも夏は各地のサマーキャンプを渡り歩く毎日ですが、子どもたちの飛躍的な成長を目の当たりにできるのは、サマーキャンプならでは。その姿は何度体験しても感動的です。

このような野外活動のイベントは、夏休みなどの長期休暇中だけでなく、土日を利用したり、冬場に行う雪国スクール体験など、さまざま企画をしてきました。

都市部に住む子どもなら川で釣った魚を料理したり、屋根まで降り積もっている雪を見た経験もなく、最初はとまどうのは当然のこと。しかし、自然の中の「甘くない環境」に身をおくと、子どもたちは自分たちなりに考え、困難を乗り越えようとします。ふだんの生活の中では影をひそめていた、本能的なたくましさが顔を出すのです。

危険を恐れていても始まらない。親は時間と場所を提供しよう

外は危ない、周りに自然がない、行く時間がない……。そんな親の「都合」や「いいわけ」で子どもを閉じこめていませんか?

ひと口に「野外体験」といっても、実は生易しいものではありません。虫はいっぱいいるし、川は天気によっては氾濫するし、森の向こうには崖がひそんでいるかもしれない……。

実際、自然の中でとことん遊ぶと、自然がいかに怖いものであるかが実感できます。その自然のなかでは、自分がいかに小さい存在であるかを知るのです。

私自身、小さいころ野山でかけまわってきた経験から、雲の流れひとつで天候の変化を察知することなど、危険に対する感受性が鍛えられたと思います。

人間も自然の中で生きる一生物として、本当はそのような危険に対する感受性も幼少期に鍛えたいものですが、都会に住んでいるとなかなか難しいのも確か。親御さんからは、「外に行かせると交通事故が心配」だとか、「不審者が増えているから外に出すのが怖くて……」といった声も聞かれます。

だからといって、子どもを家の中に閉じこめ、ゲーム漬けにしておくことがいいのでしょうか?

もしそのような心配があるなら、大人が率先して子どもが思いっきり遊べる場所と時間を作っていくべきです。地域と連携して安全な遊び場を作ったり、休みの日にキャンプに行ってみたり。それこそ大人の役割です。

サマースクールでも、一見危険なことをさせているようでも、我々スタッフが何重にもガードして命の危険がないようにしています。よく親御さんの中に「けがをしそうで心配」「うちの子は虫が嫌いなので」と言ってくる人がいますが、それは親の勝手な思い込み。お母さんがそばにいると甘えている子どもでも、数日でも離れて集団生活をすると、当の親がびっくりするぐらい自立するものなのです。

また、大切なのは、子どもが夢中で何かをやりはじめたら、〝飽きるまでやり抜く〟体験をさせてあげること。私は、これを〝遊びきる〟体験、と言っています。

今は幼児期から習い事などをしている子が多く、「遊びきる」体験をしていない子が多く見受けられます。泥遊びでも、虫集めでも、今いちばん熱中している遊びは、とことんやらせてあげてください。遊びたりて、満ちたりた子こそ、勉強への意欲も湧いてくるものなのです。

受験、仕事、結婚、将来は長い。「遊び心」のある魅力的な人に

遊び体験は、子ども時代だけのもの、と考えてはいけません。子ども時代に培った経験は、大人まで影響大なんです。

花まる学習会では、「メシが食える大人」のほかに、「魅力的な大人」に育てることを目標にかかげています。子どもにはわかりやすく、「モテる人になろう」と言うときもあります。

「魅力的な人」、「モテる人」というのは、単に異性に好かれるだけなく、意欲と集中力にあふれ、周りを思いやることができ、年をとればとるほどに人が集まってきてリーダーになったり、重要視される人をイメージしています。

これを二番目の目標にしている理由は、ただメシが食えるだけなく、人に信頼され、人の役に立ってこそ、人は幸せを感じると思うからです。これらの能力は、「いい学校」や「いい会社」にいる人だけに備わっているわけではないことはおわかりでしょう。

この「魅力的な大人」を作るのは、体験の総量で決まると思っています。自分から仲間を作ったり、目の前の問題を解決したり、誰もやっていない新しいことにチャレンジしたり。これらの経験をいかに子どものうちからさせるか……それを考えていくと、これも「外遊び」につきあたります。

また、子どもが成長して、数々の挫折を経験したとき、「遊び心」を持っているかどうかは、その人の人生が幸せになるかどうかの大きな分かれ目になります。

「遊び心」とは、人を笑わせる能力だけではなく、一見不遇な状況でも、「いつでもどこでも主体性をもって遊べる心」を持っているということです。これがある人は、自分の状況を嘆いたり、グチを言う前に、自分で変えていこう、とする意欲があります。

仕事でも、「合わない」から辞めるという若者を多く見ますが、社会に出れば、周りが自分に合わせてくれることなど皆無です。

受験も、就職も、結婚も、子育ても、自分の意志なしに、他の人に合わせたり、周りが自分に合わせてくれるまで待っていたら、永遠に幸せにはなれないでしょう。

子どものころの豊富な遊びの経験こそが、その後の人生にも役立つ、豊富な遊び心を育てます。

子どもはもともと「遊びの天才」。親が放っておいても、何もないところでも、遊びを創り出すことができます。元来備わった子ども能力を十分に生かしてあげることは、子どもの将来を見据えた、親の役割ではないでしょうか。

まる学習会

やればできた！乗り越えられた！
そんな体験を数多くした子はたくましい

高濱正伸ブックガイド2

読み物、そのほか

ここでは、高濱正伸の著作・共作・監修本などを
一気に紹介！　気になるテーマの本があったら、
ぜひ手にとってみてください。

子育て全般

わが子を
「メシが食える大人」に育てる
廣済堂ファミリー新書　840円

子育ての最終的な目的は「自分でメシを食っていける大人」にすること。そのために育みたい五つの基礎力について、丁寧に解説。

お母さんのための
「男の子」の育て方
実務教育出版　1365円

お母さんが意外と知らない男の子の特徴について、将来メシが食えて頼りになる男になるための「自立」について語った一冊。

10歳までが勝負！
「生きる力」をはぐくむ子育て
角川マガジンズ　1365円

4歳から9歳までの時期は、人格がつくられるいちばん大事な時期。この時期に「生きる力」をはぐくむことの大切さを熱く語る。

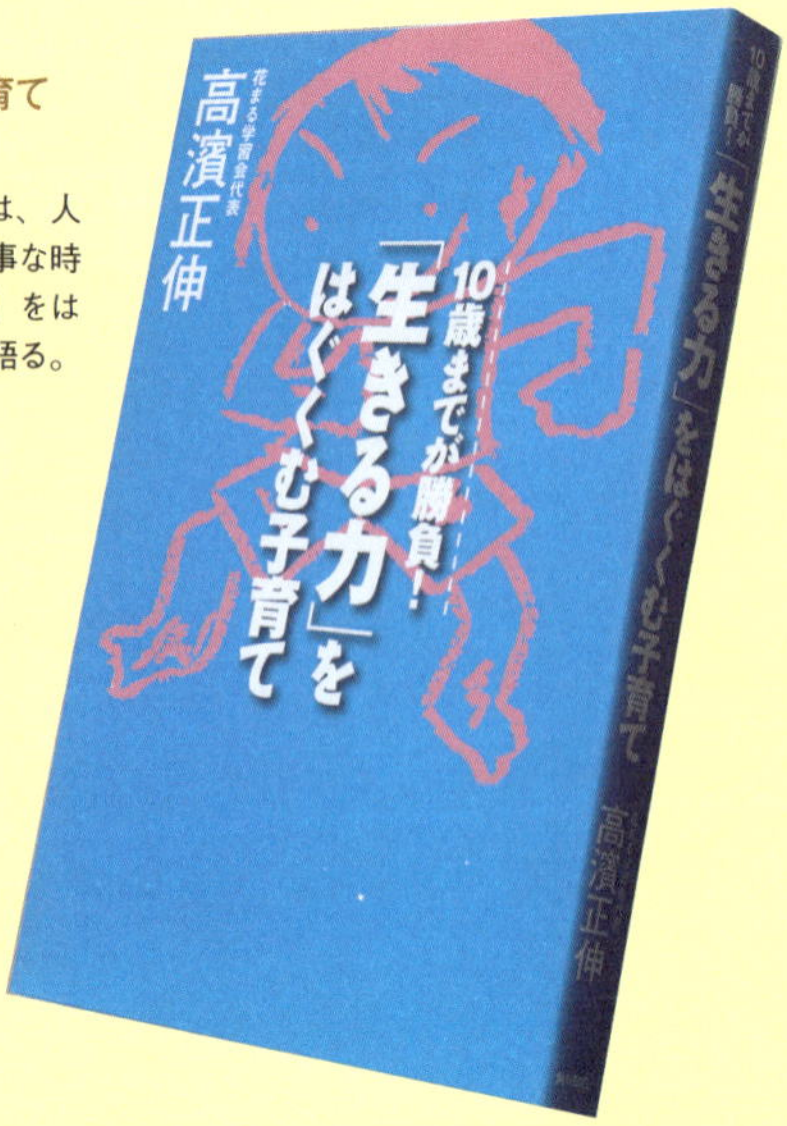

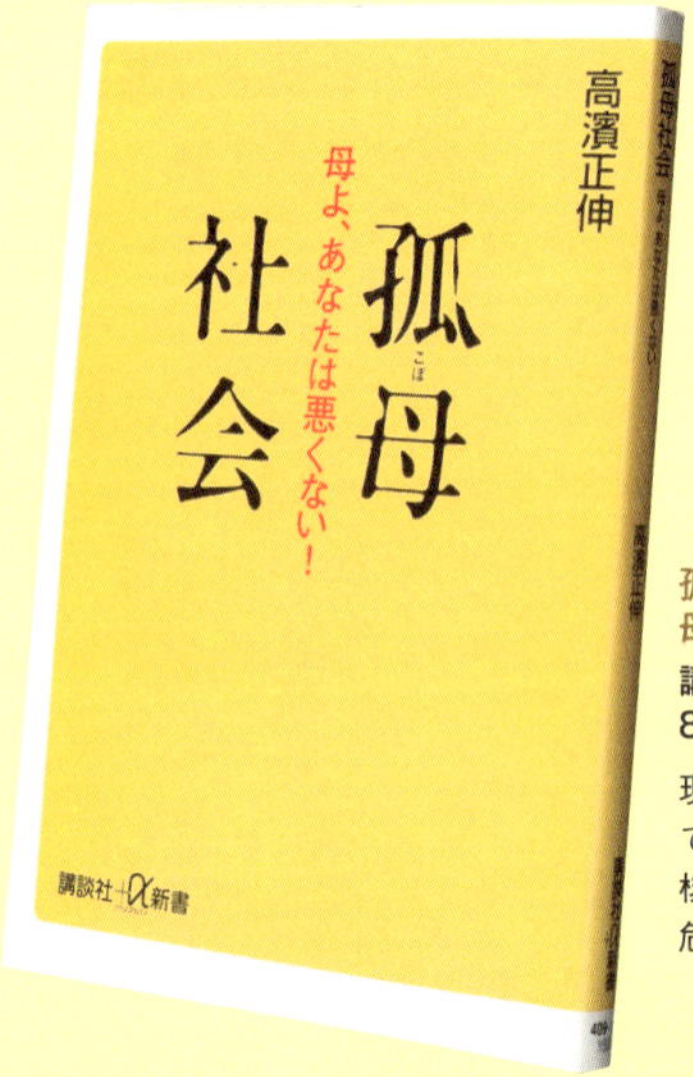

孤母社会
母よ、あなたは悪くない!
講談社プラスアルファ新書
840円

現在の母親の置かれた立場を一言で形容すれば、「孤独」。本書は、核家族化、地縁の希薄化によって危機にさらされる家族問題を問う。

価格は全て税込みです。

算数

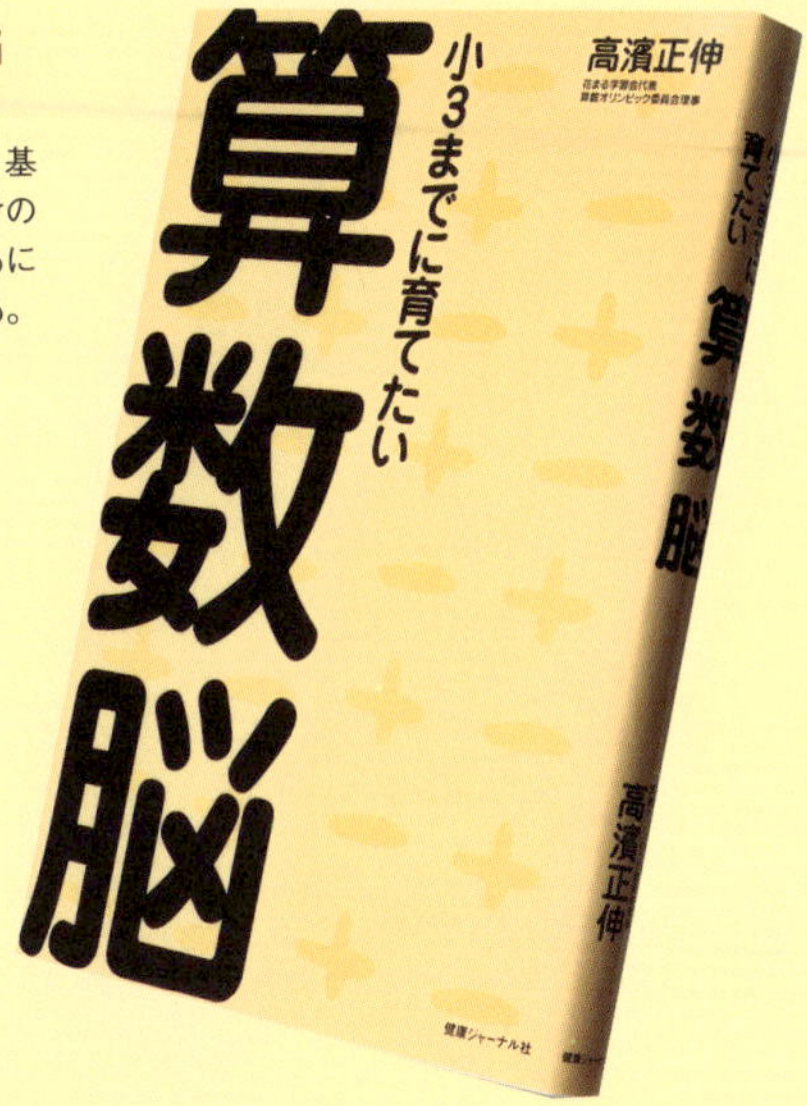

小3までに育てたい　算数脳
健康ジャーナル社　1575円

「算数脳」の育み方について、基礎から知りたい人にうってつけの一冊。算数だけでなく、子どもに対する向き合い方やしつけ方も。

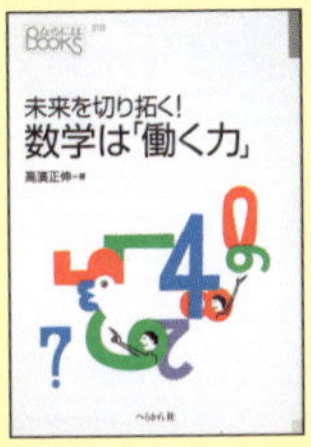

未来を切り拓く!
数学は「働く力」
ぺりかん社　1365円

算数や数学は、仕事をし、未来を切り拓いていくための基礎力だ！　輝かしい人生を送るための学びのヒントを高校生向けに語った一冊。自身の青少年時代の話も。

学力がケタ違いにのびる
算数脳の育て方
幻冬舎　1260円

算数脳に必要な「見える力」と「詰める力」を育むためには何をしたらよいか。図解をまじえ、読みやすく解説している。

小4からの算数脳トレーニング
「後のび」する子の育て方
Z会　1575円

厳選した12の例題をきっかけに、思考力とは何かを体感し、その磨き方を紹介。また、小学校高学年に大切な学習法や親の心がまえも紹介。

算数脳がグングン育つ
手作りパズルのすすめ!!
草思社　1208円

問題を作る体験が算数脳を育てる！　親子でパズルを作り、出しあうという、新しい家庭学習法を紹介。簡単に作れるパズルを多数掲載。

算数脳トレーニング
パパが楽しめば子も伸びる!!
朝日新書　777円

算数の勉強に父親が関わると伸びる！　補助線1本でわかるひらめき問題から算数オリンピック出題問題まで、親子でチャレンジしたい100の図形問題を紹介。

中学受験

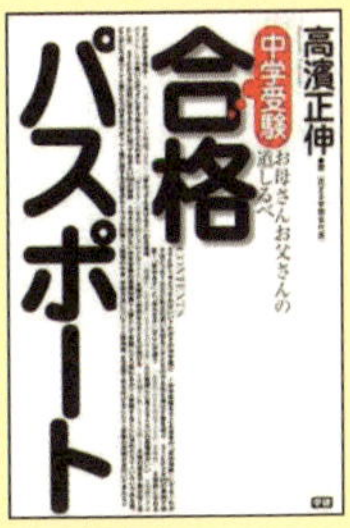

中学受験合格パスポート
お母さんお父さんの道しるべ
学習研究社　1365円

豊富かつリアルな事例で中学受験を成功に導くための親の心構えを紹介。中学受験が気になったら、最初に読んでおきたい。

国語

国語の力を親が伸ばす
プロが教える!　小学生の
学力アップ親子作戦
カンゼン　1365円

全学力の土台となる国語は、親のかかわり方が最大の決め手になる教科。子どもの国語力を親子で楽しみながら鍛えるためのノウハウ満載。

子ども向け

13歳のキミへ
中学生生活に自信がつく
ヒント35
実務教育出版　1260円

自立した大人になるための大切なメッセージを、子どもにもわかりやすい口調で語る。中学生になる子どもたちへの応援歌。

みみなぞ　理解力・集中力を
育てる"聴くパズル"CD付き
高濱正伸・平須賀信洋
草思社　1470円

CDから流れてくる問題を聞いて解く、新しい思考パズル。学ぶために絶対必要な集中力を、楽しみながら育てる。大人にも手ごわい問題を全80問収録。

写真の本も
出したぞ〜

写真術

思い出に残る
子どもの写真を撮る方法
草思社　1680円

数多くの子どもと接してきた著者が写真撮影術を紹介。子どものイキイキした表情を引き出すコツが満載。子どもの成長の記録したい人に。

ノート術

子どもに教えてあげたい
ノートの取り方
〜成績が伸びる子の勉強術
高濱正伸・持山泰三
実務教育出版　1470円

学校でも塾でもなかなか教えてくれない、「ノートの急所」を紹介。成績が伸びる子はどんなノートを取っているかがよくわかる。

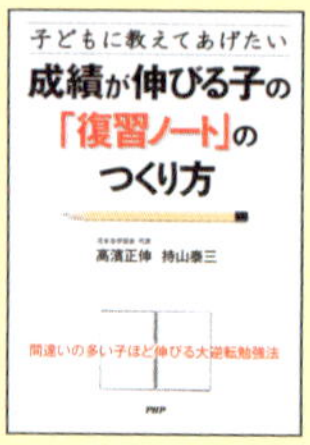

子どもに教えてあげたい
成績が伸びる子の
「復習ノート」のつくり方
高濱正伸・持山泰三
PHP研究所　1365円

合格する子のノートはミスした問題がひと目でわかるもの。子どもに復習の大切さを実感させ、そのためのノートのとり方を伝授。

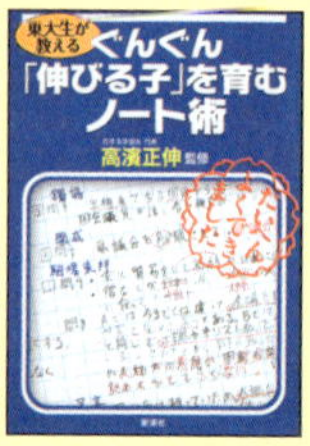

東大生が教える ぐんぐん
「伸びる子」を育むノート術
新潮社　1365円
高濱正伸監修

東大生たちの小学生時代のノート200冊を徹底分析。そこから見てきた子どもの脳を育むノートづけの7つの法則を教える。

開発 監修本他

朝日ジュニア 学習ポスターブック
朝日新聞出版
花まる学習会監修
1260円

小学生が学習する算、国、理、社の4教科の要点を23枚のポスター（両面印刷で46面）にまとめた教材。リビングなどに貼って使って。

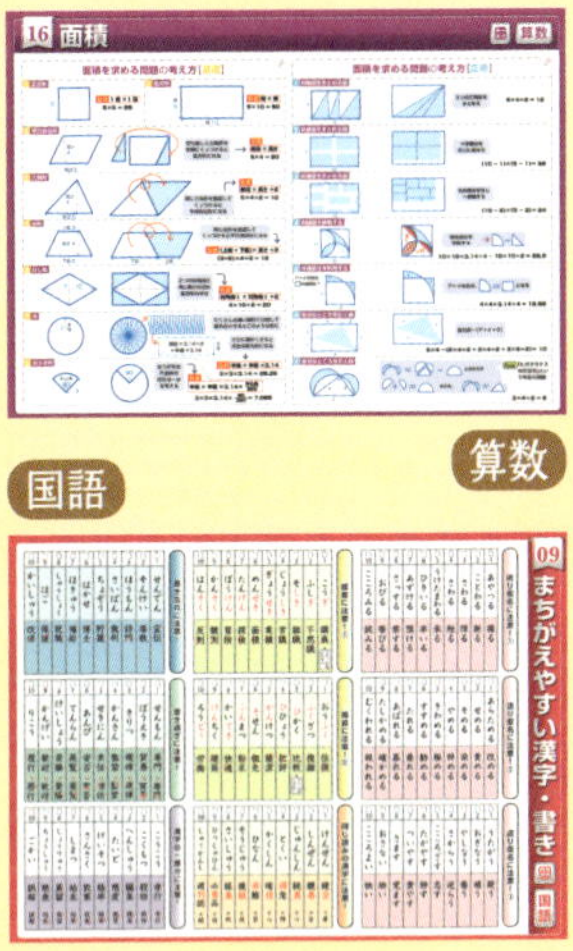

算数脳アイキューブ
朝日新聞出版
高濱正伸開発
平須賀信洋 制作協力
3129円

立体パズルとカードで10通りのゲームが楽しめる新タイプの知育パズル。親子、きょうだい、一人でも遊びながら「算数脳」が鍛えられる。
※お求めは全国のASA（朝日新聞販売所）まで。

読む・書く力を鍛える 日本語トレーニング・プリント 小学生のうちに身につけたい大切なことば
高濱正伸監修　PHP研究所　1260円

「感受性」「思考力」「表現力」を高めるための、語彙を増やす練習ノート。ニュアンスの違いもわかるように、似た意味のことばごとにグループ分けしている。

ドラゴン桜公式副読本 16歳の教科書 なぜ学び、なにを学ぶのか
講談社　819円

「なぜ勉強しなきゃいけないのか」。中学生〜高校2年生までの生徒たちに贈るメッセージ。高濱正伸ほか6人の講師が、「なぜ学び、何を学ぶのか」に答える。

10歳までの子育ての教科書
アスコム　1155円

のびのび、いきいきした子どもを育てるために、親が10歳までにしてあげたいことは何か――高濱正伸ほか、子育て＆教育界で活躍中の22人のスペシャリストが講義する。

気になる本ありましたか

中学受験 国語 [説明文・論説文]の合格点が面白いほどとれる本
中経出版　友部亜由美著
高濱正伸監修 1365円

中学受験生のための中学受験対策問題集。国語の「説明文・論説文」対策で「これだけは押さえておくべき」という方法を凝縮し、解説。

中学受験 国語 [物語・随筆]の合格点が面白いほどとれる本
中経出版　友部亜由美著
高濱正伸監修　1365円

国語の「物語・随筆」対策問題集。中学入試で問われる「要約力」「語彙力」などの5つの力を養成。先生と生徒の会話形式が楽しい。

中学受験 算数 [文章題]の合格点が面白いほどとれる本
中経出版　松島伸浩著
高濱正伸監修　1365円

中学入試によく出る「数の性質」「和・差・比」「速さ」「規則性」に関するテーマとして、例題60題とチャレンジ問題60題を掲載。

中学受験 算数 [図形・場合の数]の合格点が面白いほどとれる本
中経出版　松島 伸浩著
高濱正伸監修　1365円

「図形」、「場合の数」、「推理・論理」に関する問題を掲載。これらは、中学受験で差がつきやすい単元。じっくり取り組みたい。

おわりに

2005年に出版した『小３までに育てたい算数脳』（健康ジャーナル社）を認めてくださったのだろう、「AERA with Kids」2006年創刊２号目の号で、「算数脳」を大きく扱っていただいた。その号の影響はすこぶる大きく、様々な雑誌・新聞の取材依頼や、書籍の執筆依頼が押し寄せた。
この本は、それ以来、6年の間に「AERA with Kids」で取材された記事を土台に、加筆・修正・再構成をして、練り上げたものである。

基本の軸はずっと変わらない。世の中に出てからは、点数や入学試験の結果として表れる「学力」以上のものがずっと重要で、煎じつめれば「メシが食える大人」にしてあげられたかどうかだけが、教育の成果として問われるべきである。ところが今の日本は、成人しても働かない大人を量産し続けてきた。

このことへの解答が花まる学習会の指導方針であり、具体的には「算数脳（思考力）」、「野外体験」、「親を変える」ということであった。様々な本にいろいろなことを書いてきたけれども、この一冊は最もコンパクトに見やすく、大事なことがまとめられたのではないかと思う。

かつてキャビンアテンダント志望の女性をモデルにしたテレビドラマがあった。主人公の女の子は入学の日に、道端で外国人に話しかけられてしどろもどろになる。そこへ現れたのは先輩アテンダント。流暢な英語で対応し、輝きを見せつける。山あり谷ありのドラマを経て最終回で一人前としていよいよ巣立つとき、路上で外国人に話しかけられて困っている次の代の新人がいた。彼女は今度は颯爽と間に入り英語で話してみせる、という筋書きだった。

20年以上も子育て相談をしていると、同じだなと思うことがある。つまり、高学年になったお母さんにとっては「そういうこともあったわ」と思えることでも、今、１人目の子が1年生のお母さんにとっては、1年生になりたての子を持つ母らしい悩みや不安で一杯なのだ。

そもそも母というものは「我が子についての不安を発掘する生き物」だというのが、私の見立てだ。それは良い悪いとか心がけの問題ではなく、母の本能として、赤ちゃん時代に、横に添い寝している我が子がちゃんと息をしているかなと気にすることから始まって、毎日毎日「大丈夫かなあ」という気持ちが泉のように湧きあがってくることの連続なのだ、ということだと思っている。

今日もまた、新しい命が誕生している。それは新しいお母さんが誕生したということでもある。彼女は、先輩たちがそうだったように、幼稚園に入る頃、それらしい不安で悩み、小学校に入る頃、それらしい不安で悩み、低学年、高学年ならではの問題に直面していくのだろう。

この本が、そういうお母さんたちの道しるべとして、少しでもお母さんたちの安心に役立ち、お子様の健やかでたくましい成長につながればいいなと願っている。

最後に、この本がカラフルで充実した一作になったもとには、かつて取材してくださったライターさんや編集のみなさんのお力があった。深く感謝したい。また、中でも江口祐子さんの「愛情あふれる」と言って過言でない支援がなければ、仕上がらなかったと思う。本当にありがとうございました。

2012年9月　高濱正伸

高濱正伸

Masanobu Takahama

花まる学習会代表。1959年、熊本県生まれ。県立熊本高校卒業後、東京大学理科二類に入学。在学中から、塾講師や幼児の野外活動の指導者などのアルバイトを経験。同大学大学院修士課程修了。1993年2月、小学校低学年向けの「作文」「読書」「思考力」「野外体験」を重視した学習教室「花まる学習会」を設立。同時に、ひきこもりや不登校児の教育も開始。1995年には、小学4年生から中学3年生対象の進学塾「スクールFC」を設立。算数オリンピック問題作成委員や決勝大会総合解説員も務める。現在理事。テレビ出演や著書も多数。そのほか、公教育の支援や、障害児の学習支援など、幅広い活動を行っている。

花まる学習会
http://www.hanamarugroup.jp/hanamaru/

高濱正伸の
絶対失敗しない子育て塾

2012年9月30日　第1刷

著者
高濱正伸
発行者
中村正史
発行所
朝日新聞出版
〒104-8011
東京都中央区築地5-3-2
電話：03-5541-8833（編集）
　　　03-5540-7793（販売）

印刷所
大日本印刷株式会社

装丁
福田万美子

本文デザイン
福田万美子
小野花織（エクサピーコ）
FROG KING STUDIO

カバー、本文高濱正伸写真
松永卓也（朝日新聞出版写真部）

写真提供
花まる学習会（p99上、p100～105）
朝日新聞社（p98、p99下）

編集協力
石渡真由美
エディワン

イラスト
Yuzuko（p11～13、p29、p34～35）
タオカミカ（p17～23）
江口修平（p30～33、p36～43）
大庭三枝（p46～55）
arata_coolhand（p59～63、p66、p70～73）
石川えりこ（p86～97）

校閲
くすのき社

Published in Japan by Asahi Shimbun Publications Inc.
ISBN978-4-02-331122-0

「のびのび」「賢い子」を育てる

AERA with Kids

「しつけ」「生活習慣」「学力向上」が『AERA with Kids』の3つの柱です。

「自分で考えられる子」を育てるには?

「親としてどのように子どもと関わっていくべきか」

など、ネットでは入手できない、「正確」「深い」情報が毎号満載です。

今までに掲載した主な内容

子どもの本音、聞き取り調査／9歳、10歳の壁の乗り越え方／進学・受験の悩みに答えます／通信教育の賢い使い方／どうなる? 来年の中学入試／叱らない子育て術／親子で読みたいブックガイド／伸びる子になるための食育レッスン

定価680円
※変更される場合があります。
3、6、9、12月の年4回、各18日発売　※発売日が日祝日の場合は前日